LE BACHELIER

DE SALAMANQUE.

Venez, et dans cette pèlerine embrassez votre belle-sœur.

LE BACHELIER
DE SALAMANQUE,

OU

MÉMOIRES ET AVENTURES

DE DON CHÉRUBIN DE LA RONDA;

PAR LESAGE.

TOME PREMIER.

A PARIS,

CHEZ GENETS JEUNE, LIBR., RUE DAUPHINE, N° 14.

DE L'IMPRIMERIE DE DIDOT LE JEUNE.

1820.

LE BACHELIER DE SALAMANQUE,

OU MÉMOIRES ET AVENTURES DE DON CHÉRUBIN DE LA RONDA.

PREMIÈRE PARTIE.

CHAPITRE PREMIER.

De la famille et de l'éducation de don Chérubin; à la mort de son père un de ses parens le reçoit chez lui. Ses progrès dans l'étude. Il part pour Madrid, et fait connaissance avec un curé. Entretien de ce curé sur l'emploi que don Chérubin veut exercer.

Je dois le jour à don Roberto de la Ronda, qui des environs de Malaga, où il était né, alla s'établir dans la province de Léon. Il y devint secrétaire de don Sébastien de Cespedez, corrégidor de Salamanque, qui le fit alcade de Molorido, gros bourg voisin de cette ville.

Mon père, en vertu de sa charge, prît de sa propre autorité le titre de *don*, et, par bonheur pour lui, personne ne le chicana là-dessus. Comme il avait toujours été homme de plaisir et fort désintéressé, il amassa si peu de bien, que, lorsqu'une mort prématurée le ravit à sa famille, à peine laissa-t-il de quoi vivre à sa veuve et à trois enfans dont elle demeurait chargée. J'étudiais alors avec don César, mon frère aîné, à l'université de Salamanque; et je ne sais comment nous aurions pu faire pour continuer nos études, sans le secours du corrégidor; mais ce généreux seigneur eut soin de nous. Il n'épargna rien pour nous bien entretenir. Il nous aimait; et toutes les fois que nous allions lui faire notre cour, il nous disait qu'il nous regardait comme ses enfans. Peut-être l'étions-nous en effet; ce que je ne crois pourtant pas, quoique ma mère ait eu la réputation d'être un peu coquette.

Malheureusement pour nous, notre protecteur mourut avant que nous fussions hors du collége; de manière que, nous voyant réduits à vivre de notre patrimoine, qui ne pouvait suffire à tous nos besoins, nous fûmes obligés de nous abandonner à la Providence. Don César, se sentant de l'inclination pour les armes, prit parti dans un régiment de cavalerie que la cour envoyait à Milan. De mon côté, profitant de l'amitié qu'un vieux parent, docteur de l'université, avait pour moi, j'acceptai un logement qu'il m'offrit gratuitement chez lui avec sa table. Par ce moyen, ma mère, n'ayant sur les bras que dona Francisca, ma sœur, qui n'avait que sept ans, se vit en état de subsister doucement avec elle.

Je fis de si grands progrès au collége, qu'on n'y parlait plus que de don Chérubin de la Ronda. Je brillai, surtout en philosophie, par le talent extraordinaire qu'on vit en moi pour la dispute. Enfin je travaillai tant, que je parvins à l'honneur d'être bachelier.

Alors mon vieux docteur, qui commençait peut-être à se lasser de m'avoir pour commensal, car le bon homme était un peu avare, me tint ce discours : Ami don

Chérubin, vous êtes présentement en âge de penser à un établissement, et en état de vous soutenir par vous-même en vous faisant précepteur; c'est le meilleur parti que vous puissiez prendre. Vous n'avez qu'à vous rendre à Madrid, vous y trouverez facilement quelque bonne maison, d'où, après avoir élevé l'enfant, vous sortirez avec une pension pour toute votre vie, ou du moins avec un bénéfice. Vous êtes un habile garçon, et vous avez l'air sage: vous êtes né pour exercer le préceptorat.

Comme je voyais à Salamanque deux ou trois précepteurs qui me paraissaient contens de leur condition, je me mis dans l'esprit que leur poste devait être plein d'agrémens. Ainsi le vieux docteur eut peu de peine à me persuader. Je lui dis que j'étais prêt à partir; et, après l'avoir remercié de ses bontés, je me rendis effectivement à Madrid par la voie des muletiers, avec un coffre qui contenait tous mes effets, c'est-à-dire un peu de linge, mon habit de bachelier, et quelques pistoles que le vieillard m'avait lâchées malgré son avarice.

Étant arrivé à Madrid, j'allai descendre à un hôtel garni où l'on donnait à manger proprement, et où plusieurs honnêtes gens étaient logés. Je fis connaissance avec eux, et je liai entre autres un commerce d'amitié avec le curé de Léganez, qu'une affaire importante avait amené à Madrid. Il me fit confidence du sujet de son voyage, et je lui appris le motif du mien.

Je ne lui eus pas sitôt dit que j'avais envie d'être précepteur, qu'il fit une grimace, dont je ris encore toutes les fois que je m'en souviens. Je vous plains, seigneur bachelier, s'écria-t-il; que voulez-vous faire? Quel genre de vie allez-vous embrasser? Savez-vous bien à quoi il vous engage? à sacrifier votre liberté, vos plaisirs et vos plus belles années à des occupations pénibles, obscures et ennuyeuses. Vous vous chargerez d'un enfant qui, quelque bien né qu'il puisse être, aura toujours des défauts. Il faudra vous appliquer sans relâche à former son esprit aux sciences, et son cœur à la vertu. Vous aurez ses caprices à dompter, sa paresse à vaincre, et son humeur à corriger.

Vous n'en serez pas quitte, poursuivit-il, pour les peines que votre élève vous fera souffrir. Vous serez obligé d'essuyer de la part de ses parens de mauvais procédés, et de dévorer même quelquefois les mortifications les plus humiliantes. Ne pensez donc pas que le préceptorat soit une condition pleine de douceur. C'est plutôt une servitude à laquelle, pour se réduire, il faut, comme pour se faire moine, être quelque chose de plus ou de moins qu'un homme.

Vous pouvez, ajouta le curé de Léganez, vous en rapporter à moi là-dessus. J'ai fait le métier que vous avez envie de faire. Après celui d'un aumônier d'évêque, c'est le plus misérable que je connaisse; je sais ce que c'est. J'ai élevé le fils d'un alcade de cour; je n'ai pas véritablement tout-à-fait perdu mes peines, puisque ma cure en est le fruit; mais je vous proteste qu'elle me coûte bien cher. J'ai passé huit années dans un esclavage plus rude que celui des chrétiens en Barbarie. Mon élève, qui, de tous les enfans du monde, était peut-être le moins propre à recevoir une excellente éducation, joignait à une stupidité naturelle une aversion parfaite pour tout ce qui s'appelle ordre et devoir ; de manière que, pour l'endoctriner, j'avais beau suer sang et eau, je ne faisais que semer sur le sable. Encore aurais-je pris patience, si l'alcade, moins aveuglé par l'amour paternel, eût rendu justice à son fils ; mais, ne pouvant le croire aussi stupide qu'il était, il s'en prenait à moi. Il me reprochait l'inutilité de mes leçons, et, ce qui ne m'était pas moins sensible que l'injustice de ses reproches, il me les faisait sans ménager les termes.

J'avais donc, continua le curé, à souffrir également du père et du fils d'une manière différente ; j'avais encore dans les domestiques des tyrans de mon repos, des espions vigilans, et des inférieurs toujours prêts à me manquer de respect. La vilaine maison ! dis-je au curé ; je vous trouve encore bien heureux de n'en être pas sorti sans récompense. Vous avez raison, me répondit-il ; encore observerez-vous, s'il vous plaît, qu'il m'est dû près de mille écus d'appointemens dont l'alcade ne songe point à me tenir compte, ou plutôt qu'il croit m'avoir bien payés en me faisant obtenir une cure de campagne. Et votre disciple, repris-je, n'est-il pas reconnaissant des peines qu'il vous a données? Ne vous fait-il pas bien des amitiés lorsque vous vous rencontrez tous deux? Je ne le vois point, repartit le curé; à peine a-t-il été dans le monde, qu'il a oublié son latin et son précepteur.

Tels furent les discours que me tint le curé de Léganez pour m'ôter l'envie d'être précepteur; néanmoins, tout sensés qu'ils étaient, ils ne firent pas plus d'impression sur moi qu'en font sur une fille tendre ceux qu'on lui tient pour la dégoûter du mariage. Il s'en aperçut; et, jugeant bien qu'il perdrait le temps à vouloir me détourner de mon dessein, il poursuivit de cette sorte : Je vois bien qu'il est inutile de combattre votre résolution. Vous voulez donc absolument tâter du préceptorat? à la bonne heure. Mais puisque je n'ai point assez d'éloquence pour vous faire changer de sentiment, du moins souvenez-vous d'un avis que j'ai à vous donner : soyez extrêmement sur vos gardes lorsque vous demeurerez dans une maison où il y aura des femmes ; le diable aime à tenter les précepteurs ; et pour peu que l'instrument qu'il met en œuvre soit joli, ils ne manquent guère de succomber à la tentation.

Je promis au curé de Léganez de suivre exactement son conseil, le beau sexe étant en effet un écueil redoutable pour moi ; car je ne sentais déjà que trop que j'avais reçu de la nature un tempérament contre lequel ma vertu aurait bien à lutter.

CHAPITRE II.

De la première maison où don Chérubin fut précepteur. Quels étaient les enfans qu'il avait à élever. Imprudence d'un père.

Le curé de Léganez, me voyant déterminé à remplir une place de pédagogue, me donna la connaissance du révérend père Thomas de Villaréal, religieux de la Merci, qui avait un talent tout particulier pour découvrir les maisons où il fallait des précepteurs. Ce bon père m'en eut bientôt enseigné une, ou plutôt il me mena lui-même chez le seigneur Isidore Montanos, riche bourgeois de Madrid, qui, sur le bien que sa révérence lui dit de moi, m'arrêta sur le pied de cinquante pistoles par an. Montanos avait été marchand, et s'était retiré du commerce, tant pour se décrasser que pour vivre plus tranquillement. Il avait deux fils, l'un de seize ans, et dont l'air ne me prévint pas en leur faveur : l'aîné était bègue, et le cadet bossu. Je leur fis quelques questions pour tâter leur esprit, et j'eus licu de juger par leurs réponses qu'il ne tiendrait qu'à eux de profiter de mes leçons.

Mon premier soin, dans cette maison, fut d'observer tout le monde, depuis le chef jusqu'au dernier laquais, et je me proposai de m'y conduire de façon que je ne fisse paraître aucun défaut; ce qui n'était guère plus facile que de n'en avoir point du tout. Je connus en peu de temps les caractères, et cette connaissance m'affligea. Le seigneur Isidore était un petit génie qui faisait le plaisant, et qui avait toujours quelque fade quolibet à vous débiter. Fier de la possession de dix mille ducats de rente, il marchait les joues enflées d'orgueil, et faisait le gros dos. Au reste, il était grossier, bourru, brutal et capricieux. De leur côté, ses fils avaient de fort mauvaises inclinations. Quoique le temps ne les eût pas encore faits hommes, ils l'étaient déjà par leurs passions : la nature leur avait donné, pour ainsi dire, une dispense d'âge pour être vicieux. Ils avaient un laquais favori, une espèce de valet de chambre qui possédait leur confiance, et leur rendait les mêmes services que s'ils eussent été dans leur majorité. Je me l'imaginai du moins; et les raisons que j'eus de le croire me semblèrent si fortes, que je ne pus m'empêcher d'en avertir leur père.

Je m'attendais, en lui donnant cet avis, qu'il en sentirait l'importance, et prendrait feu, comme tout autre père eût fait à sa place. Cependant je me trompai ; au lieu d'en paraître ému, il me rit au nez en me disant : Allez, allez, M. le bachelier, laissez-les faire, ils s'en lasseront comme moi. J'étais, ajouta-t-il, un égrillard dans ma jeunesse ; je faisais trembler les pères et les maris de mon voisinage. Je ne prétends pas que mes enfans vivent autrement que moi. Je ne vous donne pas cinquante pistoles par an pour m'en faire des saints. Enseignez-leur la langue latine et l'histoire; avec cela inspirez-leur l'esprit du monde, c'est tout ce que je vous demande.

Quand je vis que Montanos n'avait aucune délicatesse sur les mœurs de ses fils, je cessai de me donner la peine de veiller sur leurs actions; et, me renfermant dans les bornes prescrites, je me contentai de remplir les autres devoirs. Je faisais traduire à mes disciples les auteurs latins en castillan, et mettre en latin de bons auteurs espagnols. Je leur lisais les guerres de Grenade ou d'autres histoires, et j'accompagnais ma lecture de réflexions instructives. Outre cela, quand il leur échappait de dire ou de faire quelque chose contre la bienséance ou contre la charité, je ne manquais pas de les reprendre. Mais je leur faisais en vain des remontrances; leur père les rendait infructueuses par ses discours imprudens et dangereux. Etait-il en belle humeur, il se vantait devant eux d'avoir été libertin dans sa jeunesse. On eût dit, en vérité, qu'il leur racontait exprès ses débauches pour les porter à suivre son exemple. Il y a comme cela des pères qui ne s'observent point devant leurs enfans, et qui les détournent eux-mêmes du chemin de la vertu.

Après tout, si le seigneur Isidore n'eût eu que ce défaut-là, nous aurions pu vivre long-temps ensemble. J'en aurais même souffert beaucoup d'autres qu'il avait, à l'exception de sa mauvaise humeur. Il était insupportable quand il s'y mettait; ce qui n'arrivait que trop souvent. Alors les discours les plus durs et les plus désobligeans ne lui coûtaient rien. Il était même assez injuste pour me reprocher jusqu'aux défauts de ses fils : Pourquoi, me disait-il, n'apprenez-vous pas à mon aîné (c'était le bègue) à parler distinctement? D'où vient que le cadet (c'était le bossu) se tient si mal? Pourquoi l'un a-t-il le teint si pâle? Pourquoi les habits de l'autre sont-ils pleins de taches et de poussière?

Voilà ce qu'il me disait. Le moyen de s'entendre de sang-froid faire de pareils reproches ! Un matin, n'y pouvant tenir, je sortis de chez Montanos pour n'y plus rentrer, après lui avoir dit que je ne m'accommodais point d'un homme qui voulait que le précepteur de ses enfans fût en même temps leur médecin, leur maître à danser et leur valet de chambre.

CHAPITRE III.

Don Chérubin va offrir ses services à un conseiller du conseil de Castille : de l'entretien singulier qu'il eut avec ce magistrat : sa réponse, et ce qu'il fit.

J'ALLAI dès le même jour trouver mon religieux de la Merci, qui ne me blâma point d'avoir quitté le seigneur Isidore. Il me dit, au contraire, qu'il était fâché de m'avoir placé dans une si mauvaise maison : Monsieur le bachelier, ajouta-t-il, revenez ici dans trois jours, je vous aurai peut-être déterré une meilleure place.

Effectivement, quand je le revis, il m'apprit qu'il en avait une nouvelle à me proposer. Un conseiller du conseil de Castille, me dit-il, a besoin d'un précepteur pour son fils unique. Vous pouvez aller vous présenter de ma part à ce magistrat; je lui ai parlé de vous, et je crois que vous vous conviendrez l'un à l'autre. Je vous avertis seulement que c'est un homme fier, comme ces messieurs le sont pour la plupart; à cela près, il est aimable et d'un très-bon caractère, à ce qu'on m'a dit. Je souhaite que vous soyez plus content de lui que du seigneur Montanos.

Je me rendis à l'hôtel du conseiller. Je trouvai ce juge prêt à monter en carrosse pour aller au conseil. Je m'approchai de lui très-respectueusement, et lui dis que j'étais le bachelier dont le père Thomas de Villaréal lui avait parlé. Vous avez mal pris votre temps, me répondit-il d'un air grave et sec : je ne puis vous donner audience présentement. Revenez sur les six heures du soir.

Me voyant assigné pour être ouï, je ne manquai pas de comparaître devant mon magistrat avant même le temps prescrit. On m'annonce. Je demeure et j'attends deux grandes heures pour le moins dans l'antichambre, après quoi l'on m'introduit dans un cabinet où j'aperçois le juge assis dans un fauteuil. Je lui fis une révérence si profonde, que je pensai donner du nez à terre. Il répondit à mon salut par une légère inclination de tête, et me montrant du doigt un petit tabouret qui ressemblait assez à une sellette, il me fit signe de m'y asseoir.

Je n'ai jamais vu de personnage d'un maintien plus orgueilleux. Il jeta sur moi des regards critiques, et se disposant à m'interroger sur faits et articles, il m'adressa la parole dans ces termes : Êtes-vous gentilhomme ? Je ne croyais pas, lui répondis-je, qu'il fallût l'être pour devenir précepteur. Cela n'est pas, si vous voulez, absolument nécessaire, me répliqua-t-il ; mais, outre que cela ne gâte rien, il me semble que le dogme a plus de force dans la bouche d'un maître gentilhomme que dans celle d'un roturier.

Le respect que je devais à un conseiller de Castille m'empêcha de faire un éclat de rire à ces derniers mots, tant ils me parurent ridicules. Cependant, continua le magistrat, quand vous ne seriez pas noble, je veux bien me relâcher là-dessus, pourvu que vous ayez d'ailleurs toutes les qualités du précepteur que je prétends mettre auprès de mon fils, qui pourra bien un jour remplir ma place.

Je demandai au conseiller de quelles qualités il voulait que ce précepteur fût pourvu, et il me repartit : Je cherche un sujet qui soit un grand homme, un savant homme, un homme de Dieu et un homme du monde en même temps. Il faut qu'il réunisse tous les talens, qu'il possède toutes les sciences divines et humaines, depuis le catéchisme jusqu'à la théologie mystique, et depuis le blason jusqu'à l'algèbre. Tel est le maître que je veux; et comme il est juste de faire un sort agréable à une personne de ce mérite, je lui donnerai ma table avec cinquante pistoles d'appointemens. Ce n'est pas tout, ajouta-t-il; je pourrai bien, l'éducation finie, lui faire avoir par mon crédit un bénéfice, ou bien le gratifier d'une petite pension viagère.

J'admirai la générosité de ce magistrat; et, demeurant d'accord avec moi-même que je n'étais point ce pédadogue dont il s'était formé une si parfaite idée, je me levai de dessus la sellette en disant au juge: Adieu, seigneur : puissiez-vous rencontrer l'homme que vous cherchez; mais, franchement, je ne le crois pas plus facile à trouver que l'orateur de Cicéron.

CHAPITRE IV.

Le père Thomas, religieux de la Merci, place le bachelier chez le marquis de Buendia. Caractère de l'enfant qu'on lui donne à instruire. Il sort de cette maison. Pourquoi.

Je rendis compte de cette conversation au père Thomas : nous rîmes un peu tous deux aux dépens du conseiller, qui nous parut un original. Je ne serai pas content, me dit ensuite le religieux, que je ne vous aie bien placé; plus je vous vois, plus je vous aime. Je vais me donner pour vous de nouveaux mouvemens : il y aura bien du malheur si je ne vous mets pas à la fin dans quelqu'une de ces bonnes maisons où les précepteurs font la pluie et le beau temps.

Véritablement, peu de jours après, s'imaginant avoir fait ma fortune, il vint à mon hôtel garni, et me dit avec une émotion qui relevait le prix du service : Enfin, mon cher bachelier, j'ai un poste excellent à vous offrir. Le marquis de Buendia, l'un des principaux seigneurs de la cour, veut vous confier l'éducation de son fils sur le portrait que je lui ai fait de vous. Venez me prendre demain au matin ; je vous mènerai chez lui. Vous verrez un seigneur des plus polis. Vous serez charmé de la réception qu'il vous fera, et je ne doute nullement que vous ne soyez parfaitement bien chez ce courtisan.

Le lendemain le père Thomas me conduisit au lever du marquis, et ce seigneur me reçut d'un air gracieux, en me disant qu'il était persuadé que j'avais du mérite, puisque le révérend père, qui était son ami, m'avait choisi pour me mettre auprès du jeune marquis son fils. Je vous reçois, poursuivit-il, aveuglément de la main de sa révérence. A l'égard de vos honoraires, je vous donnerai cent pistoles tous les ans, et vous ne sortirez de chez moi qu'avec une récompense digne de vos soins et mesurée à ma reconnaissance.

Je fis porter, dès le même jour, mon coffre à l'hôtel du marquis, où je trouvai une chambre meublée exprès pour moi. Je vis mon disciple. C'était un enfant de sept ans, beau comme le jour et d'une grande douceur. Il était encore entre les mains des femmes; mais il me fut livré sur-le-champ, et l'on nous donna un valet de chambre et un laquais pour nous servir. Comme les enfans naissent ordinairement avec quelques inclinations qui ont besoin d'être corrigées, je m'attachai à étudier les siennes. Je ne lui en remarquai point de mauvaises ; tant les femmes qui avaient élevé sa première enfance avaient eu soin de ne souffrir en lui aucun penchant vicieux. Elles lui avaient même appris à lire et à écrire, de façon qu'il ne savait déjà pas mal former ses lettres.

Je lui achetai un rudiment, et je commençai à lui enseigner les premiers principes de la langue latine. Je mêlais à mes leçons de petites fables propres à lui ouvrir l'esprit en le divertissant. Il les retenait avec une facilité surprenante; et, lorsqu'il les débitait à son père, il s'en acquittait de si bonne grâce, que le marquis en pleurait de joie. Il est constant que ce jeune seigneur promettait beaucoup. J'étais ravi de ses heureuses dispositions, et fier par avance de l'honneur que son éducation me devait faire.

J'étais si content de mon état, que je ne pus m'empêcher d'aller voir le religieux de la Merci pour le lui témoigner. Mon révérend père, lui dis-je d'un air de satisfaction qui lui fit deviner d'abord le motif de ma visite, je viens, plein de reconnaissance, vous rendre les grâces que je vous dois. Vous m'avez mis dans une maison où je suis aimé, considéré, respecté. J'ai pour disciple le sujet du monde le plus docile, et qui ne laisse apercevoir en lui aucun défaut : ce n'est pas un enfant, c'est un ange.

A ces mots, le père Thomas m'embrassa de joie, et me dit : Que vous me faites de plaisir en m'apprenant que vous êtes si satisfait de votre disciple. Je ne le suis pas moins de son père, lui répliquai-je avec la même vivacité. Le marquis de Buendia est un aimable seigneur. Quelle politesse ! il a pour moi des attentions dont je suis confus. Bien loin d'avoir l'humeur inégale, et de ces momens de caprice où les personnes de qualité font sentir leur supériorité, il ne me parle jamais que pour me dire des choses obligeantes. Il a même ordonné en ma présence à ses domestiques de m'obéir, si j'avais quelque ordre à leur donner.

Encore une fois, me dit le religieux, vous me ravissez : vous ferez indubitablement votre fortune chez ce seigneur.

J'étais donc enchanté de mon poste, et je souhaitais que le curé de Léganez, qui n'était plus à Madrid, fût informé de ma situation. Selon lui, disais-je, il n'y a point de précepteur qui ne soit misérable, et cependant je me vois dans un état digne d'envie.

Je jouis tranquillement de ma félicité pendant une année entière. Quoique je ne touchasse pas un sou de mes appointemens, j'avais l'esprit en repos là-dessus. Quand je n'aurai plus d'argent, disais-je, don Gabriel Pampano, notre intendant, m'en fournira; je n'aurai qu'à lui dire deux paroles, et sur-le-champ il me comptera des espèces tant que je voudrai.

Dans cette confiance, je laissai couler encore six mois sans m'impatienter; mais enfin le besoin où je me trouvai insensiblement d'avoir quelques pistoles pour m'entretenir devint si pressant, que, ne pouvant plus différer, je m'adressai au seigneur don Gabriel : Je vous prie, lui dis-je, de me donner trente pistoles à compte sur mes appointemens. Monsieur le bachelier, me répondit-il en affectant un air chagrin, vous me prenez sans vert, et j'en suis très-mortifié. Soyez persuadé que je vous donnerais cent pistoles au lieu de trente, si j'étais en fonds; mais je vous proteste que je n'ai pas dix écus dans ma caisse. Vieux style d'intendant! m'écriai-je : si vous aviez envie de m'obliger, vous ne me refuseriez pas ce que je vous demande. Il m'est dû plus de cent cinquante pistoles, et j'ai besoin d'argent; entrez, de grâce, dans ma situation. Prière inutile! J'eus beau dire, j'eus beau presser Pampano de m'aider du moins d'une dixaine de pistoles, le bourreau fut inexorable. C'est un caillou que le cœur d'un intendant.

Cependant mes habits s'usaient à vue d'œil, et je ne savais que faire à cela. Un jour je tirai à part le maître à danser qui venait montrer au logis, et je lui demandai si ses leçons lui étaient bien payées. Pas trop bien, me répondit-il, je ne sais de quelle couleur est l'argent de monsieur le marquis; je viens pourtant ici depuis six mois trois fois la semaine. Vous êtes, ajouta-t-il, dans le même cas, apparemment? Vous l'avez dit, lui repartis-je, et, malheureusement pour moi, je n'ai pas vos ressources. Vous avez vingt écoliers : s'il y en a dix qui ne vous paient point, vous tirez du moins des dix autres de quoi entretenir votre table et faire rouler votre petit équipage. Je suis, comme vous voyez, plus à plaindre que vous.

Après avoir encore inutilement fait quelques tentatives pour attendrir le barbare Pampano, je pris le parti de faire connaître mes besoins au marquis. J'eus bien de la peine à m'y résoudre; néanmoins la nécessité m'y força. Je représentai à ce seigneur l'embarras où je me trouvais, et les démarches inutiles que j'avais faites auprès de don Gabriel, quoique je n'eusse demandé qu'une très-petite somme en comparaison de celle qui m'était due. Le marquis fut, ou, pour parler plus juste, parut fort en colère contre son intendant, dit qu'il lui laverait la tête, et qu'il prétendait que je fusse payé régulièrement de quartier en quartier.

Qui n'eût pas cru, après cela, que j'allais toucher pour le moins une cinquantaine de doublons ? Je n'en fus pas toutefois plus avancé, soit que Pampano et son maître fussent en effet fort près de leurs pièces, soit que, ce qui est plus vraisemblable, ils s'entendissent tous deux pour me traiter comme leurs autres créanciers.

J'étais dans un état trop violent pour ne pas m'efforcer d'en sortir. J'employai pour la quatrième fois le père Thomas, qui, compatissant à mon malheur, me fit entrer chez un contador. Mais, avant que de quitter le marquis, je lui écrivis une lettre dans laquelle je lui représentais respectueusement que, n'étant pas assez riche pour continuer à lui rendre service sans intérêt, j'étais dans la nécessité de chercher une autre maison que la sienne, ce que je le suppliais très-humblement de ne pas trouver mauvais : car, quelque juste sujet que puisse avoir un homme du commun de n'être pas content d'une personne de qualité, encore est-il obligé de filer doux avec elle.

CHAPITRE V.

Le bachelier de Salamanque devient le précepteur du fils d'un contador. Sa joie d'entrer dans une aussi bonne maison. Il est payé d'avance. Il devient amoureux d'une jeune suivante. Son rival le fait renvoyer.

JE passai d'une extréimté à l'autre. Si le contador n'avait pas la politesse du marquis de Buendia, il était en récompense beaucoup mieux en espèces. La charmante maison ! On y entendait depuis le matin jusqu'au soir compter de l'or et de l'argent, et ce bruit harmonieux m'enchantait les oreilles.

Le contador était un homme qui allait d'abord au fait. Il voulut savoir quels appointemens je gagnais chez le marquis de Buendia. Ce seigneur, lui dis-je, m'avait promis cent pistoles par an, mais il n'a pas été exact à tenir sa parole. Le contador sourit à ces derniers mots, et me dit : Eh bien ! je vous promets, moi, cent cinquante pistoles, que vous toucherez, et même d'avance, si vous le souhaitez. En même temps il appela son caissier : Raposo, lui dit-il, comptez tout à l'heure à monsieur le bachelier cent pistoles ; et toutes les fois qu'il voudra de l'argent, ne lui en refusez pas.

Ces paroles me jetèrent de la poudre aux yeux. Comment diable ! dis-je en moi-même, un marquis et un contador sont deux hommes bien différens ! L'un ne paie point ce qu'il doit, et l'autre n'attend pas qu'il doive pour payer. Sitôt que le caissier m'eut délivré les espèces, j'envoyai chercher un tailleur, auquel je commandai un habillement complet, et je lui avançai vingt pistoles, pour imiter les manières des contadors.

Me voyant tout à coup en argent, je repris ma bonne humeur, que le marquis et son intendant m'avaient fait perdre, et je commençai à m'acquitter de bon cœur des fonctions du préceptorat. Mon nouveau disciple n'était pas fort avancé. Quoiqu'il eût déjà dix ans, il ne savait pas encore lire. J'étais son premier maître. Monsieur le bachelier, me dit son père, je vous abandonne mon fils; je me repose entièrement sur vous de son éducation. Je ne veux pas en faire un docteur : enseignez-lui seulement un peu de latin; donnez-lui ce qu'on appelle des manières, et cherchez quelque habile arithméticien qui lui montre à faire toutes sortes de comptes et de calculs. Chargez-vous de ce soin-là.

Je me préparai donc à répondre aux vues du contador, et à lécher le petit ours auquel il voulait que je fisse prendre une forme. Je n'eus pas peu de peine à faire connaître à mon écolier les lettres de l'alphabet. Il n'avait pas plus de disposition à devenir savant que l'élève du curé de Léganez. Cependant je m'y pris de tant de façons, que j'eus le bonheur de parvenir à le faire lire couramment toutes sortes de livres espagnols. Je fis part aussitôt de cette grande nouvelle à madame sa mère, qui en fut transportée de joie. Quoiqu'elle aimât tendrement son fils, elle ne laissait pas de lui rendre justice ; et, regardant comme un prodige l'heureux succès de mes leçons, elle m'en fit tout l'honneur. Je gagnai par là son estime et son amitié.

Insensiblement Porcia (c'est ainsi que se nommait l'épouse du contador) goûta mon esprit, et prit tant de plaisir à ma conversation, que tous les jours, après la sieste, elle m'attirait dans son appartement sous prétexte de voir son fils que je lui menais. C'était une femme de trente-cinq ans tout au plus, fort spirituelle, et si réservée, que je me trompe peut-être quand je pense qu'elle avait quelque goût pour moi. Néanmoins je ne pus m'empêcher de le croire, et le lecteur jugera par ce que je vais rapporter si je fus un fat de me l'imaginer.

Quelque aimable que fût encore Porcia, et quoiqu'elle me regardât d'un œil à me faire soupçonner qu'elle avait quelque dessein sur moi, je ne répondais nullement aux marques de bonté qu'elle me donnait. Je n'avais des yeux que pour la jeune Nise, sa suivante, qui, de son côté, m'en voulant aussi, m'agaçait d'une manière plus efficace. Je ne fus point à l'épreuve de son air coquet et piquant, malgré le fonds de morale et de vertu que je m'étais fait à l'université. Nous nous lançâmes de part et d'autre des œillades si significatives, que nous nous entendîmes, et bientôt l'intrigue fut nouée.

Nise ajoutait à plusieurs autres talens qu'elle possédait celui d'être ingénieuse à inventer les moyens d'avoir des entretiens secrets avec ses amans, et c'était un art dont elle avait besoin dans une maison où elle avait à craindre le ressentiment d'un galant qu'elle voulait quitter pour moi, ou du moins à qui elle prétendait donner un associé. Le valet de chambre de mon disciple était ce galant sacrifié. Nise, apparemment, n'ayant pas trouvé dans ses hommages de quoi contenter sa vanité, s'était avisée d'aspirer à la conquête de monsieur le précepteur.

Quoi qu'il en soit, triomphant de mon rival sans savoir que j'en eusse un, je jouissais tranquillement d'un bonheur qu'il n'ignora pas long-temps. Il eut quelque vent des conversations furtives que j'avais avec sa princesse; et, pour s'en venger, il se résolut à nous perdre tous deux. Il n'éclata point d'abord, n'ayant pas contre nous de plus fortes armes que des soupçons qui ne prouvaient rien. Il s'y prit avec plus de prudence. Il mit dans ses intérêts tous les laquais du logis; et cette canaille, ordinairement ennemie des précepteurs, entra sans peine dans le projet de sa vengeance; de sorte que Nise et moi, observés par tant d'espions, nous ne pûmes éviter le malheur d'être surpris dans un tête-à-tête.

Cette aventure fit un éclat terrible dans la maison du contador. Tous les domestiques à l'envi s'égayèrent à mes dépens. Monsieur, contre l'ordinaire de ses confrères, qui se soucient fort peu que ces sortes de scènes se passent chez eux, prit cette affaire au point d'honneur, et se mit dans une colère effroyable. Madame, encore plus scandalisée que monsieur, dit que c'était une chose qu'on ne devait point pardonner. Comment, s'écria-t-elle, un homme à qui je croyais des sentimens, du goût, s'amuser à une suivante! Enfin le résultat de cela fut que la catastrophe tomba sur moi. Porcia, qui aimait sa soubrette, ou qui lui avait peut-être confié des secrets importans, se contenta de la gronder, et moi je fus honteusement chassé comme un suborneur, à cause que je n'avais pas fait voir des sentimens plus nobles.

CHAPITRE VI.

Ce que devient le bachelier au sortir de chez le contador. Ses réflexions sur sa conduite. Son hôte le fait entrer chez une veuve. Caractère de cette dame. Don Chérubin, de précepteur qu'il était, devient intendant. Inclination de cette veuve pour lui. Entretien de la dame Rodriguez. Sujet de cet entretien, et quel en fut le fruit.

Je n'eus garde, en sortant de chez le contador, d'aller trouver le religieux de la Merci, qui m'aurait sans doute fait de justes reproches sur ma sortie, et qui, ne me regardant peut-être plus que comme un misérable qu'il devait abandonner, se serait fait un scrupule de me placer dans une nouvelle maison. Je n'osai même retourner à mon hôtel garni, m'imaginant qu'on y savait mon histoire; car, quand on a fait une sottise, on croit que tout le monde en est d'abord informé. Je me retirai dans un quartier éloigné, et, j'y louai une chambre garnie, où, n'étant pas sans argent, je demeurai quinze jours à me consulter sur ce que je devais faire.

Je me rappelai plus d'une fois le conseil du curé de Léganez. Je me repentais de l'avoir négligé; et, me reprochant ma foiblesse, je ne pouvais penser à Nise sans rougir de honte : Ah! malheureux, me disais-je, est-ce donc pour faire l'amour à des soubrettes que tu t'es fait précepteur? Au lieu de porter le scandale de maison en maison, renonce à un emploi que tu remplis si mal; ou bien, si tu veux le continuer, purge tes mœurs, et fais tous tes efforts pour acquérir les vertus qui te manquent pour t'en bien acquitter. En un mot, je me repentis de ma faute; et à force de me promettre d'être plus sage, je conçus l'espérance de le devenir.

Pendant ce temps-là, mon nouvel hôte,

m'ayant pris en amitié, songeait à me rendre service : Monsieur le bachelier, me dit-il un jour, j'ai envie de vous procurer une bonne place en vous mettant chez une veuve de qualité qui fait élever sous ses yeux son petit-fils. Ce mot de veuve me fit trembler d'abord. N'y aurait-il point ici quelque nouveau précipice ? dis-je en moi même. Le démon n'aurait-il pas encore envie de me tendre un piége? Mais je me rassurai en faisant réflexion que la dame dont il s'agissait était une grand'mère, ce qui supposait un âge à servir de frein à mon tempérament. Je répondis donc à mon hôte que je lui serais fort obligé s'il pouvait me faire ce plaisir.

Je vous promets que je le ferai, me répliqua-t-il; c'est de quoi je suis très-assuré. J'ai été domestique de cette dame, j'en suis écouté; dès aujourd'hui je vous proposerai pour précepteur de son petit-fils. Il n'y manqua pas. Il me loua beaucoup. On eut envie de me voir, je me présentai. Je ne déplus point, et je fus arrêté sur-le-champ.

La veuve se nommait dona Louise de Padilla. Son époux, officier-général, avait été tué dans les Pays-Bas en combattant contre les Français. Pour une aïeule, je la trouvai fraîche encore, sans pourtant que sa fraîcheur me parût dangereuse. Elle avait auprès d'elle, par politique ou autrement, deux femmes de chambre décrépites qui lui prêtaient un air de jeunesse. Une de ses suivantes, appelée la dame Rodriguez, possédait la confiance de sa maîtresse, et s'était acquis sur son esprit un grand ascendant. Je me réjouis intérieurement, et remerciai le ciel de ce qu'au lieu de ces antiques confidentes, dona Louise n'avait pas auprès d'elle deux gentilles soubrettes, qui auraient peut-être encore porté malheur à ma vertu.

Je m'installai donc dans mon poste, et tout alla le mieux du monde au commencement. Je m'attachai à mon nouvel écolier, qui, joignant la docilité à la plus heureuse disposition, apprenait à merveille les élémens de la langue latine. Il n'avait pas huit ans accomplis. En moins de six mois il fit des progrès qui surpassèrent mon attente et m'attirèrent des présens. Dona Louise me donna une montre d'or. Peu de temps après elle m'envoya un gros paquet de belle toile pour m'en faire faire des chemises, avec une étoffe de la plus fine laine de Ségovie pour m'habiller. Mais tous ces dons, que je prenais pour des effets d'une pure générosité, venaient d'une autre cause, comme vous allez l'entendre.

On me vint dire un matin, pendant que je donnais leçon à mon disciple, que madame me demandait. Je volai aussitôt à son appartement, où elle était à sa toilette avec ses deux dames d'atours, qui employaient tout leur savoir-faire à rapiécer, pour ainsi dire, ses appas. Elle était dans un négligé assez immodeste pour tenter, s'il n'eût pas en même temps laissé entrevoir de quoi préserver de la tentation.

Lorsqu'elle n'eut plus besoin de ses femmes, elle leur fit signe de se retirer; et, m'ayant fait demeurer auprès d'elle d'un air mystérieux : Mettez-vous là, me dit-elle, et m'écoutez. J'ai sur vous des vues que je suis bien aise de vous apprendre. Je ne vous regarde pas comme un homme qui n'est bon qu'à élever des enfans; je vous crois propre à bien d'autres choses. J'ai résolu de vous confier le soin de mes affaires. Aussi-bien Francisco Forteza, mon intendant, commence à vieillir. Je vais le congédier avec une pension, et vous mettre à sa place, que vous remplirez mieux que lui, sans que vous cessiez pour cela d'être précepteur de mon petit-fils. Vous pouvez fort bien en même temps exercer ces deux emplois.

Je voulus remontrer à la dame que, n'ayant jamais fait le métier d'intendant, je craignais de ne pas bien m'en acquitter. Vous vous moquez, me dit-elle, rien n'est plus aisé. Je n'ai point de procès; je ne dois pas un maravédis. Il ne s'agit que de toucher mes revenus, et de faire la dépense de ma maison. Vous n'aurez, ajouta-t-elle, qu'à venir tous les matins dans mon appartement; nous travaillerons une heure ou deux; je vous aurai bientôt mis au fait. J'assurai la dame que j'étais prêt à faire ce qu'elle désirait; et là-dessus je me retirai, non sans remarquer que ma veuve avait les yeux étincelans et le visage tout en feu.

J'avais déjà trop d'expérience, ou plutôt trop bonne opinion de moi pour ne pas expliquer ces symptômes à mon avantage. Je soupçonnai la bonne femme de m'en vouloir, et mes soupçons se tournèrent bientôt en certitude. La dame Rodriguez, un matin, vint me trouver dans ma chambre. Elle me salua d'un air riant, et me dit: Le ciel vous conserve, monsieur le bachelier. Que me donnerez-vous pour la bonne nouvelle que je vous apporte? Hé! qu'avez-vous donc, lui répondis-je, de si bon à me dire? Que vous êtes, reprit-elle, le plus fortuné des précepteurs passés, présens et futurs. Vous avez enflammé ma maîtresse, qui m'a permis de vous révéler ce secret important.

Mais quoi! poursuivit-elle, en s'apercevant que le bonheur qu'elle m'annonçait ne m'intéressait guère, vous recevez cette nouvelle d'un air bien indifférent. Que d'honnêtes gens seraient ravis d'être à votre place! Si madame n'est plus dans sa première jeunesse, elle n'est pas encore, Dieu merci, arrivée au triste temps où les femmes doivent renoncer au commerce des hommes.

Oh! pour cela non, madame Rodriguez, lui répondis-je, il faudrait que j'eusse perdu l'esprit si je pensais autrement que vous. Oui, dona Louise a beaucoup de charmes. Elle est tout au plus au commencement de son automne. Néanmoins, je vous l'avouerai, quelque honneur que me fasse son amour, je ne puis en profiter. Un commerce de galanterie ne convient nullement à un homme de mon caractère. Quoique je ne sois pas encore dans les ordres, ajoutai-je d'un air hypocrite, il suffit que je porte un habit d'ecclésiastique pour garder à cet habillement les engagemens que je lui dois.

Ah! que m'osez-vous dire! interrompit la vieille Rodriguez avec précipitation; quelle horrible injustice vous faites à madame! Pourrait-elle être capable d'une intrigue galante, elle que l'ombre même du crime épouvante? Connaissez mieux dona Louise. Si, sans pouvoir s'en défendre, elle cède à l'amour qu'elle a pour vous, ne pensez pas qu'elle ait envie de le satisfaire aux dépens de sa vertu. Vous le dirai-je? elle s'est déterminée à vous épouser.

Je fus un peu ému de ces dernières

paroles : Sage et discrète Rodriguez, répliquai-je à la vieille suivante, quand madame voudrait m'honorer de sa main, ses parens ne traverseraient-ils pas ce mariage? Dona Louise, me repartit la vieille, est maîtresse de ses actions. Outre cela, vous êtes, ce me semble, de race noble; et d'ailleurs elle prétend se remarier si secrètement que personne n'en sache rien. Quand je vis que ma veuve était assez folle pour vouloir pousser les choses si loin, je ne crus pas devoir être assez fou pour m'y opposer. Je priai Rodriguez de remercier de ma part sa maîtresse de ses bonnes intentions pour moi, et de l'assurer que j'étais disposé à y répondre.

Je donnai à la soubrette le temps de rendre compte de cet entretien à dona Louise; après quoi j'allai confirmer moi-même le rapport qu'elle devait lui avoir fait. Madame, dis-je à ma tendre veuve en me jetant à ses genoux, est-il possible que vous ayez laissé tomber vos regards sur un homme si peu digne de vous posséder? Je n'ose qu'en tremblant y ajouter foi. Ne me blâmez pas vous-même, répondit la dame, de ce que je veux faire pour vous. Lorsque je ferme les yeux sur ce qu'il y a de plus répréhensible dans mon dessein, est-ce à vous à me les ouvrir? Profitez de ma faiblesse au lieu de la condamner. Ce que Rodriguez vous a dit est véritable; vous m'avez plu, et bientôt un mariage secret joindra nos destinées, pourvu que vous soyez aussi sensible que vous devez l'être à mes bontés.

Ah! madame, repris-je en baisant avec transport une de ses mains sèches, croyez-vous qu'un homme qui a des sentimens puisse payer d'ingratitude le sort agréable que vous lui réservez? Non, non, soyez bien persuadée que ma reconnaissance égalera l'excès de mon bonheur.

J'accompagnai ces paroles d'un air et d'un ton des plus séduisans, je fis le passionné; mais s'il y avait de l'art dans mes démonstrations, il y avait aussi du naturel. Je me sentais si pénétré des bontés de la dame, que mes yeux déjà commençaient à faire grâce à sa vieillesse.

CHAPITRE VII.

Comment don Chérubin, sur le point d'être l'époux de dona Louise de Padilla, perdit tout à coup l'espérance de le devenir : il est arrêté. Sa frayeur de se voir avec des spadassins. Description du souper qu'il fit et de sa compagnie. Il sort nuitamment de Madrid.

Dona Louise, ravie de me voir dans la disposition où j'étais, ordonna secrètement les apprêts de notre mariage. Mais, le soir du jour qui devait le précéder, il survint un obstacle qui nous sépara tous deux.

Au moment que j'allais rentrer au logis, quatre *valientes*, qui portaient les plus épouvantables moustaches qu'on ait jamais vues en Esgpagne, vinrent fondre sur moi tout à coup, et me jetèrent brusquement dans un carrosse où il y avait deux autres hommes de leur séquelle. Ils me menèrent à l'extrémité d'un faubourg, me firent descendre à la porte d'une maison d'assez mauvaise apparence, et m'introduisirent dans une salle qui ressemblait à un arsenal. On n'y voyait que des hallebardes, des épées, des coutelas, des escopettes et des pistolets. Dans un autre temps j'aurais pris plaisir à considérer une salle si singulière; mais j'étais trop occupé du péril dans lequel je croyais être avec des spadassins dont la vue me glaçait le sang dans les veines.

Un de ces fiers-à-bras, remarquant mon embarras, se mit à rire, et m'adressa ces paroles pour me rassurer : Monsieur le bachelier, ne craignez rien; vous êtes ici en bonne compagnie. Vous êtes avec d'honnêtes gens, qui font profession de maintenir le bon ordre dans la société et d'assurer le repos des familles. C'est nous qui sommes les véritables ministres de la justice. Les juges ordinaires se contentent de suivre scrupuleusement les lois, au lieu que nous y ajoutons quelquefois ce qui leur manque. Les lois, par exemple, ne défendent point à une veuve de qualité d'épouser un homme au-dessous d'elle. Cependant c'est une chose diffamante; aussi ne la souffrons-nous point : et c'est pour prévenir la juste douleur qu'aurait la famille de dona Louise de Padilla, si vous deveniez l'époux de cette dame, que nous vous avons enlevé; ce que nous avons fait à la requête d'un de ses neveux, qui nous a promis cent pistoles pour vous écarter d'elle.

C'est à vous de choisir, continua le vaillant. Si vous refusez de vous éloigner de cette veuve et de Madrid, il nous est enjoint de vous tuer; mais il nous est permis de vous laisser la vie, sans même vous donner les étrivières, si vous abandonnez la partie de bonne grâce. Vous n'avez qu'à opter. Qu'appelez-vous opter? lui répondis-je avec précipitation; me croyez-vous assez sot pour balancer un moment à quitter Madrid et toutes les dames du monde? Je voudrais être déjà bien loin d'ici.

Je vous crois, reprit le brave avec un sourire malin; et sur ce pied-là nous sommes d'accord. Vous souperez et passerez la nuit avec nous à table, et demain à la pointe du jour deux de mes camarades vous conduiront jusqu'à Léganez, d'où vous vous rendrez à Tolède, où je vous conseille d'aller demeurer. C'est une belle ville, où il y a bien de la noblesse; vous y trouverez des places de précepteur à choisir.

Là-dessus je dis à ces messieurs, tant j'avais d'impatience d'être hors de leurs pattes, que, s'ils voulaient me permettre d'aller loger dans une hôtellerie, je leur promettais, sous peine de retomber entre leurs mains, de sortir de Madrid avant le lever de l'aurore.

Cette proposition fit pousser aux spadassins de longs éclats de rire; et l'un d'entre eux, m'adressant la parole, me dit: Monsieur le bachelier, vous vous ennuyez avec nous, à ce que je vois; mais prenez patience, il faut s'accommoder au temps. Préparez-vous à souper gaîment. Vous ferez meilleure chère ici qu'à l'hôtellerie; et parmi les personnes qui seront à table avec nous, il y en aura peut-être quelqu'une qui pourra vous rendre le repas agréable. Je fus donc obligé de faire de nécessité vertu, puisque je ne pouvais m'échapper. J'affectais de paraître résolu, et même de rire avec ces vaillans, dont la bonne humeur excita peu à peu la mienne, ou du moins m'ôta presque toute ma frayeur.

L'heure du souper étant venue, nous passâmes dans une autre salle où il y avait un buffet garni de verres et de bouteilles, et une grande table couverte de plats remplis de toutes sortes de viandes. Nous nous y assîmes avec trois dames qui arrivèrent, et qu'on me dit être les épouses de quelques-uns de ces messieurs : ce que je feignis de prendre pour argent comptant, quoique ces femmes eussent l'air trop libre et trop familier pour qu'on n'eût pas d'elles une mauvaise opinion.

Elles étaient dans un négligé galant, et qui ne dérobait à la vue que ce qu'on ne peut montrer sans la dernière effronterie. Au reste, elles pouvaient passer pour trois jolies personnes. Il y en avait une entre autres qu'ils appelaient la Gitanilla, sans doute à cause qu'elle était de race bohémienne. Je n'ai jamais vu de créature plus piquante. Ses yeux étaient si brillans, qu'ils éblouissaient, et la vivacité de son esprit égalait celle de ses yeux. Il est vrai qu'elle avait une intempérance de langue qui l'emportait quelquefois trop loin ; mais on en aurait été bien dédommagé par l'abondance des bons mots et des saillies qui lui échappaient, si ses saillies et ses bons mots n'eussent pas été un peu trop gaillards. Enfin je l'admirais en l'écoutant ; et je sentais qu'une soubrette de cette espèce eût été pour moi dans une maison une terrible pierre d'achoppement.

La compagnie commençait à plaire à M. le bachelier. Echauffé par les regards de la Gitanilla, et par le vin qu'il était obligé de boire à chaque instant pour répondre aux brindes qu'on lui portait de toutes parts, il oubliait insensiblement avec quelle sorte de gens il s'enivrait. Nous demeurâmes à table jusqu'à l'approche du jour. Alors, après avoir dit adieu aux spadassins et à leurs nymphes, je sortis de la ville avec deux d'entre eux, et nous prîmes le chemin de Tolède.

CHAPITRE VIII.

De l'arrivée de don Chérubin à Tolède, et de la première éducation qu'il entreprit. Mauvais caractère de son écolier, qui le prend en aversion. Comment il est congédié.

Lorsque nous fûmes arrivés à Léganez, un de mes deux compagnons me dit : Ho çà, monsieur le bachelier, en vous accompagnant jusqu'ici, nous avons exécuté l'ordre dont nous étions chargés ; de votre côté, songez à nous tenir parole. Que l'on ne vous revoie plus à Madrid ; car, comme on vous l'a déjà dit, si vous y remettez le pied, vous êtes mort. Messieurs, répondis-je, vous pouvez assurer hardiment tous les neveux et arrière-neveux de dona Louise que vous m'avez pour jamais éloigné d'elle. Là-dessus mes alguasils me souhaitèrent un bon voyage, et nous nous séparâmes en nous faisant réciproquement des civilités.

Notre séparation me délivra d'une grande

frayeur. J'avais appréhendé que les braves, en recevant mes adieux, ne vidassent mes poches. Aussi, dès que je les eus perdus tous deux de vue, je tirai ma montre, et la baisant comme une mère baise son fils échappé du naufrage : Ma chère montre, m'écriai-je en l'apostrophant, vous avez été dans un grand péril ! J'ai cru, je l'avoue, que nous n'arriverions point ensemble à Tolède, et que vous alliez reprendre le chemin de Madrid.

J'avais en effet raison d'être surpris que ces vaillans ne m'eussent pas volé, puisque ces fripons ordinairement ne valent pas mieux que les bohémiens. Outre ma montre, j'avais une bourse pleine de doublons, qu'en qualité d'intendant de dona Louise, j'avais reçus la veille d'un de ses débiteurs : si bien que les spadassins auraient plus gagné en me dévalisant qu'ils ne firent en m'écartant de Madrid.

Me voyant à Léganez, je n'eus garde de passer outre sans voir monsieur le curé mon ami. Je me faisais un plaisir de lui conter ma dernière aventure, et de m'arrêter quelques jours chez lui ; car je ne doutais point qu'il ne voulût me retenir Mais je fus trompé dans mon attente. Je ne trouvai point ce bon curé, lequel, étant de ceux qui n'aiment pas plus la résidence que les évêques, était absent. On me dit qu'il était parti pour Cuença, et qu'on ne savait pas quand il en reviendrait.

Je continuai ma route jusqu'à Mosiolès, où j'eus le bonheur de rencontrer un muletier de Tolède qui s'en retournait avec une mule de renvoi. Je la louai, et je poursuivis mon chemin. Nous fûmes joints près d'Illescas par un ecclésiastique, qui, venant après nous, monté sur un bon cheval, s'était hâté de nous atteindre pour avoir notre compagnie. Nous nous saluâmes poliment de part et d'autre, et liâmes conversation. L'envie que j'avais de savoir qui il était me fit prendre la liberté de le lui demander. Je suis, me répondit-il, un des soixante chanoines de l'église appelée communément le saint-siége de Tolède.

A ces mots, je me sentis saisi d'un profond respect, ayant ouï dire plus d'une fois qu'un canonicat de cette église valait deux évêchés d'Italie. Voyant donc que j'avais l'honneur d'être avec un si gros bénéficier, je le pris sur un ton plus bas avec lui, et je commençai à mesurer mes paroles. Je ne sais s'il le remarqua; mais il n'en parut pas plus vain ni plus fier. Il s'informa à son tour qui j'étais. Je lui répondis que j'étais un bachelier de Salamanque; que je venais de la cour, où j'avais élevé un jeune seigneur, et que j'allais à Tolède chercher une nouvelle éducation. Vous la trouverez facilement, me répliqua le chanoine, étant, comme vous paraissez l'être, un garçon de mérite.

Nous ne cessâmes de nous entretenir pendant le voyage; et lorsque, étant arrivé à Tolède, il fallut nous séparer tous deux, il me tendit la main en me disant: Sans adieu, monsieur le bachelier; je me nomme le licencié don Prosper. Venez me voir; je m'intéresse pour vous. Dès demain je me donnerai des mouvemens pour découvrir quelque maison où vous soyez bien. Je remerciai le chanoine de la bonté qu'il avait d'entrer dans mes intérêts, et j'allai loger dans une hôtellerie que le muletier me vanta.

Quatre jours après, m'étant remis en linge, et m'étant fait faire un habit neuf, je me rendis chez le chanoine, qui me dit : J'ai trouvé votre affaire. Don Jérôme de Polan, chevalier de Calatrava, et mon intime ami, a besoin d'un habile homme pour achever l'éducation du jeune don Louis son fils unique. Je suis maître de cette place ; voulez-vous l'accepter ? Je répondis au licencié que je ne demandais pas mieux ; et sur-le-champ il me conduisit à l'hôtel de don Jérôme de Polan.

Ce chevalier ne vit pas plus tôt don Prosper, qu'il courut à lui les bras ouverts avec des démonstrations d'amitié qui me firent connaître qu'ils vivaient tous deux dans la plus étroite union. Le chanoine, après avoir reçu et rendu cinq ou six accolades, me présenta au seigneur don Jérôme en lui disant : J'ai appris que don Louis est actuellement sans précepteur ; je vous en amène un dont je vous réponds. C'est un savant bachelier de Salamanque qui revient de Madrid, où il a élevé un jeune seigneur.

Don Jérôme, tandis que le licencié lui

parlait de cette sorte, me regardait avec attention; et il me semblait, soit dit sans vanité, que je subissais heureusement cet examen oculaire. C'est ce que j'eus lieu de penser par le remercîment que le chevalier fit à don Prosper, de lui procurer un sujet qui portait avec lui sa recommandation. Il me conduisit à l'appartement de son épouse, où cette dame était avec son fils, auquel je trouvai un petit air mutin, et avec une suivante qui ne me causa point d'alarme, quoiqu'elle eût à peine vingt ans. Toutes ces personnes m'examinèrent bien, et j'ose dire que ma mine les prévint en ma faveur.

Me voilà donc retenu dans cette maison, où, étant regardé comme un maître donné par le licencié Prosper, j'eus pendant quinze jours tous les agrémens dont le préceptorat peut être susceptible. J'étais considéré de don Jérôme et de sa femme, respecté des domestiques, et je me croyais aimé de mon disciple; mais je ne le connaissais pas encore. Il avait un valet de chambre qui, m'ayant pris en affection, me dit un jour: Monsieur le bachelier, je vous trouve un si galant homme, que je ne puis m'empêcher de vous apprendre une chose qu'il vous importe de savoir. Vous avez pour écolier un très-mauvais sujet. Don Louis est un menteur, un esprit malin et médisant. Il hait surtout ses précepteurs : il ne peut les souffrir, et il n'y a point de stratagème dont il ne s'avise pour s'en défaire. Les deux derniers qu'il a eus étaient des personnes d'un mérite distingué ; cependant il a si bien fait, qu'on les a remerciés. A ce que je vois, dis-je au valet de chambre, le père et la mère idolâtrent leur fils? Oui, me répondit-il, c'est un enfant gâté. Vous aurez bien de la peine à le rendre disciplinable. J'y ferai, repris-je, tout mon possible ; et si malgré mes efforts je n'en puis venir a bout, j'irai chercher ailleurs un élève plus digne de mes soins.

Pour n'avoir rien à me reprocher, je commençai à remplir mes devoirs essentiels avec une assiduité qui tenait de l'esclavage. Je mis tout en œuvre pour me faire aimer et craindre en même-temps du petit bonhomme. Quoiqu'il eût douze ans accomplis, et qu'il eût eu déjà trois ou quatre maîtres, à peine était-il capable des premiers thêmes. Je lui parlais sans cesse, et tâchais de m'en faire écouter. Je m'attachais à prévenir ses fautes autant que je le pouvais. Les avait-il commises, ou je le punissais sans chaleur, ou je les lui pardonnais sans mollesse.

Néanmoins avec tous ces ménagemens, et malgré toute mon adresse, j'éprouvai la vérité de ce que m'avait dit le valet de chambre. Don Louis me prit en aversion; et sa haine augmentant à mesure que je montrais plus de zèle pour son éducation, il entreprit de me faire donner mon congé. Pour y réussir, il allait parler de moi en particulier à ses parens. Il se plaignait, il m'accusait d'être dur et déraisonnable, me prêtait des ridicules, et déclarait que, si on ne le délivrait pas de son tyran, il ne ferait aucun progrès dans ses études. Il ajoutait même à cette menace des pleurs de commande. Enfin il joua si bien son rôle, que ses parens, touchés de sa fausse douleur, prirent son parti, et mirent le précepteur à la porte. C'est ainsi que les pères et les mères, par faiblesse pour leurs enfans, congédieront quelquefois un honnête homme qui n'aura que trop bien fait son devoir.

Pour surcroît de chagrin pour moi, en sortant de cette maison, j'allai voir le licencié don Prosper pour l'informer de ce qui s'était passé. Je voulus lui représenter les mauvaises qualités du jeune don Louis, et lui détailler la manœuvre qu'il avait employée pour me faire chasser de chez lui; mais le chanoine, apparemment prévenu par don Jérôme, au lieu de me plaindre, m'écouta froidement et me tourna le dos, après m'avoir dit d'un air sec qu'il ne se mêlerait plus de présenter de précepteurs, à moins qu'il ne les connût parfaitement,

CHAPITRE IX.

Conversation curieuse de don Chérubin avec un précepteur biscayen de ses amis. Fruit qu'il tire de cette conversation. Il entre au service d'une marquise. Caprice et goût singulier de cette dame pour les romans. Don Chérubin devient éperdument amoureux de sa maîtresse. Effet que produit son amour. Il la quitte cependant. Ses raisons.

J'avais fait connaissance avec un petit licencié biscayen, qui faisait comme moi le métier de précepteur, et qui était alors aussi sur le pavé. Il se nommait Carambola. Il n'avait pas la figure désagréable; mais il était si petit, qu'on l'aurait pu prendre pour un nain. Il avait en récompense beaucoup d'esprit et l'humeur fort enjouée. Il pensait plaisamment, s'exprimait de même, et ses expressions étaient encore relevées par l'accent de son pays.

J'aimais surtout à l'entendre lorsqu'il se

mettait en colère; et il ne fallait pour l'y mettre que parler devant lui des pères et des mères. Cette matière ne manquait pas de l'échauffer. Les parens, disait-il avec emportement, sont presque tous des ingrats. Écoutez un père de famille : Je suis très-content, dira-t-il, du précepteur de mon fils : aussi je prétends lui procurer un établissement solide; mais rien ne presse : il sera temps d'y penser après que j'aurai retiré mon fils d'entre ses mains. N'est-ce pas, ajoutait Carambola, de même que s'il disait : Je ne veux pas encore faire du bien à un honnête homme qui me rend service actuellement, qui a déjà mérité mes bienfaits : je penserai à sa fortune quand je ne l'aurai plus devant mes yeux, quand je ne songerai plus à lui ?

Telles étaient les tirades réjouissantes dont le Biscayen me régalait de temps en temps, et dont je ne laissais pas de profiter. Je le rencontrai un soir à la promenade. Il vint m'aborder d'un air riant. Qu'avez-vous, lui dis-je, mon ami ? A votre air joyeux, on dirait que vous avez déterré quelque poste admirable. Il y a quelque chose de cela, me répondit-il : j'ai découvert en effet une place qui me convenait fort; mais, par malheur pour moi, on ne m'a pas trouvé convenable à la place. Je ne vous entends point, lui répliquai-je; parlez-moi plus clairement. Vous saurez donc, reprit-il, qu'ayant appris hier par la voix publique qu'une dame cherchait un précepteur pour commencer son fils qui n'a que cinq ans, j'ai ce matin été chez elle pour lui offrir mes services, qui ont été rejetés. On m'a dit que j'étais trop petit. Comment donc, interrompis-je en riant, pour entrer chez cette dame, faut-il avoir six pieds de haut? Oui, repartit Carambola : la dame veut un garçon de belle taille : encore demande-t-elle avec cela qu'il soit fort jeune; car, quoique je n'aie que trente-trois ans, on m'a trouvé trop vieux.

Je redoublai mes ris à ces paroles, et jugeai que la dame en question devait être une extravagante. Je le dis au licencié, qui me répondit d'un air sérieux : Non, non, c'est une femme de très-bon sens, une prude qui sait concilier le goût des plaisirs avec le soin de sa réputation, et veut se faire un amant du précepteur de son fils. Comment la nommez-vous ? dis-je au Biscayen. Elle se fait, dit-il, appeler madame la marquise. Son mari est un capitaine qui sert en Lombardie : c'est tout ce que j'en sais. Au reste, je puis vous assurer que c'est une belle dame, et qui paraît avoir de l'esprit. N'êtes-vous pas curieux de la voir ? Vous m'en inspirez l'envie, lui répliquai-je, et je suis d'avis d'aller demain me présenter à cette marquise. Je vous y exhorte, s'écria-t-il, et je suis persuadé que vous êtes le précepteur qu'il lui faut.

Je ne manquai pas de me rendre le jour suivant chez la femme du capitaine, où je me fis annoncer sous le titre de bachelier de Salamanque. Une vieille suivante, qui ressemblait un peu à Rodriguez, m'introduisit dans un cabinet où sa maîtresse s'occupait à lire. La marquise suspendit sa lecture en me voyant, et me demanda ce que je lui voulais : Madame, lui dis-je, j'ai appris que vous cherchiez un précepteur pour monsieur votre fils, et je prends la liberté de m'offrir à remplir ce poste, si mes services vous sont agréables. La dame, à ces paroles attacha ses yeux sur moi. Je ne fus pas moins attentivement considéré de la soubrette, et je m'aperçus que ma personne avait en elles deux juges favorables. Je leur parus un tout autre homme que Carambola.

Monsieur le bachelier, me dit la dame, quel âge avez-vous? Comme je me ressouvins qu'elle avait trouvé le petit licencié trop vieux à trente-trois ans, je répondis effrontément que je n'en avais pas encore vingt-deux, quoique j'en eusse déja vingt-six. Tant mieux, reprit la marquise; je veux un précepteur qui soit jeune, j'ai cette fantaisie-là. Mais ne mentez point, poursuivit-elle. Êtes-vous un garçon bien rangé? Car je vous déclare que je ne m'accommoderais point du tout d'un libertin qui sortirait de chez moi tous les jours pour aller se divertir en ville. Je veux un homme sédentaire, et qui élève mon fils sous mes yeux.

Je suis donc votre fait, madame, m'écriai-je. Quoique je sois à l'âge où les passions sont en fougue, ma raison, aidée des bonnes études que j'ai faites, les tient en bride ; de façon que je crains peu leurs saillies. Outre cela, je ne connais personne à Tolède, et surtout aucune femme. Ainsi, bornant mes plaisirs à l'éducation de monsieur votre fils, je ne m'attacherai qu'à cultiver cette jeune plante, si vous me faites l'honneur de m'en confier le soin.

Je serai bien contente de vous, reprit la femme du capitaine, si vous tenez une conduite si sage. Je vous choisis donc pour instruire et gouverner mon fils. A l'égard de vos appointemens, ajouta-t-elle, n'en soyez point en peine : je les règlerai sur votre zèle et sur vos services. Elle accompagna ces paroles d'un air si modeste et si réservé, que, malgré ma vanité, je ne me laissai point prévenir contre sa vertu, ni ne me flattai pas de l'espérance de m'attirer son attention.

Pour raconter les choses en fidèle historien, je fus frappé des appas de la marquise, qui n'avait pas encore trente-cinq ans : sa beauté me parut ravissante. Je sentis, sans savoir pourquoi, une secrète joie de me voir arrêté dans cette maison, d'où je sortis avec empressement pour y faire apporter mes hardes. Je rencontrai dans la rue le petit licencié, qui m'y attendait par curiosité. Eh bien ! mon ami, me dit-il, comment avez-vous été reçu de la marquise ? On ne peut pas mieux, lui répondis-je, et je vous apprends que je suis précepteur de son fils.

A ces mots, Carambola fit un éclat de rire. Je me doutais bien, s'écria-t-il, que votre jeunesse et votre figure ne pouvaient manquer de faire leur effet. Que vous aurez d'agrément chez cette dame ! Oh ! doucement, s'il vous plaît, monsieur le licencié, interrompis-je en pénétrant sa pensée ; jugez d'elle plus charitablement. Pour moi, je la crois vertueuse ; elle ne montre du moins que de beaux dehors. Pourquoi taxer d'hypocrisie son air sage ? S'il ne faut pas se fier aux belles apparences, il ne faut pas non plus les condamner. Vous avez raison, reprit-il, je puis me tromper ; mais je gagerais bien que je ne me trompe pas.

Je retournai quelques heures après à l'hôtel de la marquise avec mes hardes, et là, je pris possession d'un appartement préparé pour mon écolier et pour moi. Je demandai à voir l'enfant, qui me fut amené par la vieille femme de chambre que j'avais déjà vue, et qui lui servait de gouvernante. Je le trouvai fort joli. Il était à la lisière, et ne faisait que bégayer. Quel disciple pour un bachelier de Salamanque ! A ma place, un pédagogue orgueilleux aurait refusé de s'abaisser jusqu'à montrer les lettres de l'alphabet; mais je regardai cela dans un autre point de vue; et comme Aristote se fit honneur d'être le premier maître d'Alexandre, je me fis gloire d'être celui d'un marquis.

Je m'entretins avec la vieille gouvernante, qui se nommait Séphora : Seigneur bachelier, me dit-elle, je suis bien aise que votre personne ait plu à madame. Il ne fallait pas moins qu'un homme fait comme vous pour lui agréer; tant elle a le goût délicat. Il est venu se présenter ici vingt précepteurs dont elle n'a pas voulu, quoiqu'il y en eût pourtant parmi eux d'assez agréables. Vous ne serez pas fâché, poursuivit-elle, d'être entré dans cette maison. Madame la marquise est riche et généreuse : en un mot, votre fortune est assurée, pourvu que vous ayez pour ma maîtresse une complaisance aveugle et des attentions infinies. C'est son faible : je veux bien vous le dire ; profitez-en ; et surtout accommodez-vous, si vous pouvez, au défaut qu'elle a d'aimer les romans de chevalerie à la fureur. Vous sentez-vous capable d'entrer dans ses sentimens ? Sans doute, lui répondis-je ; il ne me sera pas difficile de flatter son entêtement, puisque j'aime beaucoup moi-même ces sortes de livres. Cela étant, reprit la soubrette, vous la charmerez : c'est sur quoi vous pouvez compter.

Véritablement, dès la première conversation que j'eus avec la marquise, je m'aperçus que c'était une personne qui avait la mémoire farcie de lambeaux romanesques. Elle ne me parla que de Roland l'amoureux, du chevalier du Soleil, d'Amadis de Gaule, d'Amadis de Grèce, et surtout de l'incomparable don Quichotte de la Manche, et de bien d'autres ouvrages semblables dont elle faisait ses délices, et qui composaient seuls sa bibliothèque. Quoique je ne fusse pas de son sentiment sur ces productions extravagantes, je feignis d'en être, et je mis ces romans au-dessus de tous les livres du monde. Peut-être aussi que j'en fus la dupe, et que la dame n'affectait de paraître folle de ces sortes d'écrits que pour parvenir à ses fins. Quoi qu'il en soit, si elle eût borné sa folie au plaisir de lire ces impertinences, j'aurais toujours été assez complaisant pour les louer en dépit du bon sens ; mais elle la poussa plus loin.

Monsieur le bachelier, me dit-elle un jour que j'entrai dans son appartement dans le temps qu'elle lisait don Bélianis de Grèce, vous voyez une femme enchantée d'un entretien qu'elle vient de lire. Que don Bélianis et Florisbelle savent bien filer le parfait amour ! Qu'il y a de délicatesse dans leurs sentimens! que leurs expressions sont touchantes ! J'en suis encore tout émue.

Je le crois bien, madame, lui répondis-je ; rien n'est plus propre à remuer les passions. Je suis comme vous ; je me sens transporté de plaisir lorsque je lis certaines conversations dans certains livres de chevalerie. Elles jettent mon âme dans un désordre, dans un ravissement... Qu'entends-je? interrompit la marquise d'un air agité. Est-il possible que je rencontre un homme aussi sensible que moi à la lecture des romans, et que cet homme-là soit vous? J'en ai d'autant plus de joie, que je souhaite d'avoir un amant qui me rende des soins et me serve en chevalier errant. Je fais choix de vous, mon cher bachelier. Métamorphosons-nous tous deux, vous en héros, et moi en héroïne de chevalerie. Prenez-moi pour votre amante, et je vous aimerai comme mon chevalier. Soupirons l'un pour l'autre. Brûlons tous deux d'une flamme aussi vive que celle qui consumait le prince de Grèce et sa maîtresse.

Elle accompagna ce discours de démonstrations si agaçantes, que le pauvre don Chérubin, qui ne trouvait déjà la dame que trop aimable, en devint éperdument amoureux. Au lieu de fuir cette femme insensée, j'eus la faiblesse de me prêter à toutes ses folies. Adieu ma raison. Voilà monsieur le bachelier de Salamanque changé en chevalier errant. Nous commençâmes, la marquise et moi, à nous parler en héros romanesques. J'empruntai le style du chevalier du Soleil, et elle celui de la princesse Lindabrides. Nous avions tous les jours des entretiens sur le haut ton ; mais il arrivait quelquefois par malheur que l'héroïne devenait un peu trop tendre, et le héros trop passionné.

Tandis que je vivais chez la marquise, comme Renaud dans le palais d'Armide, j'appris une nouvelle qui détruisit mon enchantement. On me dit que le capitaine Torbellino, époux de ma princesse, était sur le point d'arriver de Lombardie, et l'on m'avertit en même-temps que c'était un homme violent et jaloux. Pour éviter toute discussion, et n'aimant point les combats singuliers, quoique chevalier errant, je pris la sage résolution de m'éloigner de Tolède, ce que je fis avec d'autant plus de raison, qu'il y avait au logis un vieux domestique tout dévoué à son maître, et qui, par les rapports qu'il pouvait lui faire, m'aurait exposé à devenir la victime du ressentiment du mari, après avoir été le martyr du tempérament de la femme.

CHAPITRE X.

Notre bachelier devient précepteur du neveu d'un joaillier de Cuença. Par ses soins et ceux du seigneur Diégo Cintillo, il fait un moine de son écolier. Rencontre fâcheuse qu'il fait. Il retourne à Madrid.

Je partis secrètement de Tolède un matin avec un muletier qui allait à Cuença, ville des plus célèbres d'Espagne. Peu de jours après que j'y fus arrivé, le maître de l'hôtellerie où j'étais logé me dit qu'il connaissait un vieux prêtre qui se mêlait de placer des précepteurs pour certaine somme qu'il exigeait de leur reconnaissance ; et cette somme, selon la place, était plus ou moins considérable.

Je m'informai où demeurait ce prêtre, et l'étant allé trouver, je lui demandai s'il y avait quelque poste de précepteur vacant. Il me répondit qu'il y en avait plusieurs ; et, comme je lui dis que j'étais un bachelier de Salamanque, il s'écria : C'est faire votre éloge en un mot. Je n'ai pas besoin d'en savoir davantage. Je vais vous présenter moi-même au seigneur Diégo Cintillo, le plus riche et le plus fameux joaillier de Cuença. Il cherche un homme habile et vertueux pour mettre sous sa conduite un neveu dont il est tuteur. Je crois que vous lui conviendrez parfaitement.

Le vieux ecclésiastique me mena sur-le-champ chez Cintillo, auquel il répondit de moi sans me connaître, et qui me reçut dans sa maison sur le pied de cinquante pistoles d'appointemens, ce que je jugeai à propos d'accepter en attendant une meilleure place. Le joaillier était un homme qui faisait le dévot. Il avait toujours un rosaire à la main, passait une partie de la journée à l'église, et conciliait avec cela fort bien le métier d'usurier, qu'il exerçait si secrètement, que personne ne l'ignorait dans la ville.

Pour plaire à ce personnage, j'eus soin de me parer d'un extérieur pieux, ce qui s'accordait à merveille avec son hypocrisie. Il fit appeler son neveu, qui était un garçon de dix-sept à dix-huit ans ; et me le présentant : Vous voyez, me dit-il, le disciple que j'ai à vous donner : il sait déjà lire et écrire. Il entend même un peu les auteurs latins; enseignez-lui la philosophie, et surtout attachez-vous à le porter à la vertu, car c'est le principal.

Mon nouvel écolier s'appelait Chrysostôme. Il avait l'intelligence si épaisse, que mes premières leçons furent en pure perte pour lui. Je ne pus m'empêcher de dire à son oncle que je ne trouvais dans mon élève aucune disposition à profiter de mes préceptes, et que je désespérais enfin d'en faire un philosophe. Ne vous rebutez pas, monsieur le bachelier, me répondit-il; je sais bien que Chrysostôme est un sujet pesant. Aussi ne serai-je pas assez injuste pour me plaindre de vous, si vous ne pouvez le rendre savant.

Entre nous, continua-t-il, je vous dirai que j'ai dessein d'en faire un moine. Je le crois né pour le froc. J'interrompis le joaillier dans cet endroit : Ah ! seigneur Diégo, lui dis-je, gardez-vous bien de forcer les inclinations de monsieur votre neveu ; le nombre des mauvais moines n'a pas besoin d'être augmenté. Que dites-vous? reprit Cintillo d'un air étonné. A Dieu ne plaise que j'aie envie de contraindre Chrysostôme et d'en faire un religieux malgré lui! Rendez-moi plus de justice ; je ne veux que son bien. Ne le croyant pas fait pour le monde, je souhaiterais qu'il embrassât la vie religieuse de son bon gré. Aidez-moi, je vous prie, à le tourner de ce côté-là. Je double vos honoraires pour mieux vous engager à me seconder. Unissons-nous tous deux pour lui faire prendre ce parti, qui dans le fond est le meilleur. Que j'aurais de plaisir à voir mon neveu vivre saintement dans un monastère !

Le bon joaillier ne disait pas tout : outre le plaisir qu'il se faisait d'avoir un nouveau saint Chrysostôme dans sa famille, il n'était pas fâché de faire moine un riche neveu dont il devait hériter dans ce cas-là. J'entrai donc dans ses vues, devant être payé pour cela, et je m'érigeai en prédicateur. Je commençai à déclamer contre le monde, et à vanter à mon disciple les douceurs de l'état monastique. Cintillo, de son côté, lui prêchait sans cesse la même chose; de sorte que le pauvre enfant, étourdi de nos sermons, qu'il prenait sottement au pied de la lettre, entra au bout de dix mois au noviciat du grand couvent des pères de Saint-Dominique, où, persévérant dans sa ferveur, il procura au joaillier son oncle le plaisir de le voir profès, et d'hériter de tout son bien. Alors le seigneur Diégo, n'ayant plus besoin de moi, me paya mes honoraires que j'avais si bien gagnés; car j'avais presque tous les jours été voir Chrysostôme pendant son noviciat pour l'entretenir dans ses bons sentimens. Si bien que Cintillo et moi, nous nous séparâmes également satisfaits l'un de l'autre.

Peu de temps après, je quittai le séjour de Cuença, sur un avis qui me fut donné, et que je ne crois pas devoir passer sous silence. Un jour que je marchais en rêvant dans la rue, je me sentis frapper doucement sur l'épaule. Je tournai aussitôt la tête, et j'aperçus un homme que je reconnus pour un des deux braves qui m'avaient conduit de Madrid à Léganez. Je frémis à la vue de cet oiseau de mauvais augure, et je lui dis avec émotion : Comment donc, seigneur spadassin, serais-je encore assez malheureux pour vous avoir à mes trousses? est-ce que je n'ai pas gardé mon ban? Pardonnez-moi, me répondit-il en riant, vous êtes un homme de parole, et nous n'avons plus aucune affaire à démêler ensemble. Je vous déclare même que vous pouvez retourner à Madrid, si vous le souhaitez.

Je vous entends, lui répliquai-je, dona Louise est morte, apparemment? Non, repartit le brave, elle est encore vivante, et vous pouvez renouer avec elle, si le cœur vous en dit; nous ne vous en empêcherons pas. Je vais vous en apprendre la raison; c'est que notre troupe s'est séparée à l'occasion d'un différend survenu entre deux de nos messieurs, pour l'amour de la Gitanilla, de cette petite brune avec laquelle vous avez soupé un soir, et qui vous a paru si jolie. Ils se sont battus en duel pour savoir qui des deux la posséderait seul; et ils ont eu le malheur de s'enfiler l'un et l'autre. Cet événement a donné lieu à une séparation générale, et chacun de nous s'est retiré où il a voulu.

Cette nouvelle me causa une joie infinie, et je ne manquai pas de reprendre bientôt le chemin de Madrid; ayant d'autant plus d'envie de revoir cette ville, qu'il m'avait été défendu, sous peine de la vie, d'y remettre le pied.

CHAPITRE XI.

Don Chérubin retourne à Madrid, où il rencontre par hasard un homme qui lui dit des nouvelles de dona Louise de Padilla. Cette dame le fait entrer au service du duc d'Uzède en qualité de secrétaire en second. Connaissance qu'il fait de don Juan de Salzédo. Faible de ce don Juan. Description d'un bal où don Chérubin se trouve. Il part pour Naples en qualité de courrier extraordinaire du comte d'Urenna.

Je ne fus pas sitôt à Madrid, que le hasard me fit rencontrer Martin Cinquillo, mon ancien hôte, celui qui m'avait placé chez dona Louise de Padilla. Nous nous reconnûmes sans peine l'un l'autre. Monsieur le bachelier, me dit-il d'un air étonné, est-il possible que je vous revoie sain et sauf, après l'aventure qui vous est arrivée? J'ai cru, je vous l'avoue, que les spadassins qui vous enlevèrent vous avaient ôté la vie, et dona Louise actuellement vous compte parmi les morts. Que je vais lui causer de joie en lui apprenant que vous vivez encore. Venez demain chez moi, ajouta-t-il, et je vous dirai comment elle aura reçu cette nouvelle.

Curieux de savoir de quelle façon cette dame serait affectée de mon retour à Madrid, je ne manquai pas le jour suivant de me rendre chez Cinquillo, où je trouvai la dame Rodriguez qui m'attendait. D'abord que cette bonne vieille m'aperçut, elle vint au-devant de moi, et m'embrassant la larme à l'œil : Soyez le bien revenu, s'écria-t-elle, seigneur don Chérubin. Hélas! ma maîtresse et moi nous avions perdu l'espérance de vous revoir. Nous nous imaginions que tous les Padilla, irrités contre vous, avaient eu la cruauté de vous sacrifier à leur ressentiment. Que nous nous sommes affligées dans cette erreur ! que vous avez coûté de pleurs à dona Louise ! Jugez par là de la joie qu'elle a sentie quand elle a su votre retour. Je viens vous la témoigner de sa part, et vous assurer qu'elle est dans la résolution de contribuer à vous faire un sort agréable.

Ce n'est pas, poursuivit Rodriguez, qu'elle soit encore dans le goût de vous épouser. Grâce au ciel, elle a ouvert les yeux sur l'extravagance de ce mariage, et sur le ridicule qu'il lui donnerait dans le monde. En un mot, elle n'y pense plus ; mais elle veut, par amitié, vous mettre en état de faire fortune en vous plaçant chez le duc d'Uzède, son parent et favori du roi. Elle se flatte d'avoir assez de crédit pour vous faire recevoir parmi les secrétaires de ce ministre. Vous concevez bien l'importance de ce poste, et je ne doute pas que vous ne soyez bien aise de le remplir, à moins que vous n'ayez dessein de vous consacrer au service de l'Église. Non, non, lui répondis-je, ce n'est pas là mon intention. Je me sens assez de vertu pour être secrétaire, mais je n'en ai point assez pour devenir un bon prêtre.

Cela étant, reprit Rodriguez, quittez promptement l'habit que vous portez, et prenez-en un de cavalier. C'est ce que je vous promets de faire sans balancer, lui repartis-je ; aussi-bien je commence à me dégoûter du préceptorat, qui me paraît un métier qu'un honnête homme ne doit faire que par nécessité. Je me fis donc habiller en cavalier, et j'entrai bientôt dans un bureau du ministère ; dona Louise n'ayant eu besoin, pour m'y placer, que de dire un mot à sa nièce dona Marie de Padilla, duchesse d'Uzède.

Dès que je me vis installé dans mon poste, je témoignai à la dame Rodriguez que je serais bien aise d'aller voir sa maîtresse pour la remercier; mais cette suivante me dit : Dona Louise vous en dispense. Après ce qui s'est passé entre vous, elle juge à propos de s'interdire votre vue, de peur de vous exposer encore à quelque désagréable traitement. Elle veut vous protéger sans vous revoir, ce que ses parens ne sauraient trouver mauvais ; tenez-lui compte de sa prudence. Je n'ai rien à répondre à cela, lui dis-je, ma chère Rodriguez ; et puisqu'il faut que je renonce au plaisir de rendre de vive voix à dona Louise les grâces que je lui dois, assurez-la du moins de ma part que je suis pénétré de ses bontés. Dans le fond, je n'étais point fâché que ma protectrice ne voulût pas me voir ; car, si je me fusse mis sur le pied d'aller chez elle et de lui faire ma cour, j'eusse fort bien pu avoir affaire à de nouveaux spadassins, qui m'auraient peut-être encore plus maltraité que les premiers.

Comme j'avais une assez belle main, ayant appris à écrire à Salamanque, on m'occupa dans mon bureau à mettre au net toutes sortes d'expéditions. Je fis connaissance avec les commis, et même j'eus le bonheur de m'attirer l'amitié de don Juan de Salzédo, premier secrétaire du duc d'Uzède. Ce don Juan ne manquait pas d'esprit ; mais il avait le défaut d'aimer trop le latin, et de citer à tout propos des passages d'Horace, d'Ovide ou de Pétrone. Toutes les fois qu'il me voyait, il me parlait en latin, et je lui répondais dans la même langue pour m'accommoder à son faible. Je le charmai par-là ; ce qui prouve bien que pour plaire aux hommes, il n'y a qu'à se prêter à leurs inclinations. Don Chérubin, me dit-il un jour, je vous aime, et quand je trouverai l'occasion de vous en donner des marques, je la saisirai *lubenti animo*. Le hasard voulut qu'elle s'offrît bientôt ; mais il faut dire avant ce qui la fit naître.

Un soir qu'il y avait bal chez la duchesse d'Uzède, à son hôtel de la grande place, où se font les courses et les combats de taureaux, il me prit envie d'y aller. Je vis un grand nombre de seigneurs et les plus belles dames de la cour. On eût dit qu'on avait choisi les personnes les plus aimables de la monarchie pour en former une si charmante assemblée.

Avant que le bal commençât, les femmes se disputèrent les regards des hommes. Mais sitôt qu'on vit danser dona Isabella de Sandoval, fille unique du duc d'Uzède, il n'y eut plus d'œillades que pour elle ; chacun admira ses grâces, son air noble et majestueux, la douceur de ses pliés, la liaison de sa tête avec son corps et ses bras, et la finesse de son oreille. Aussi, d'abord qu'elle eut achevé de danser, toute la salle retentit du bruit des applaudissemens qu'elle reçut. Elle est inimitable ! s'écriait un marquis ; que ne paraît-il sur nos théâtres une pareille danseuse ! J'en voudrais prendre soin à quelque prix que ce fût. Je la prierais de me ruiner, disait un comte. Je lui demanderais la préférence, disait un duc. En un mot, tous les seigneurs furent enchantés de cette nouvelle Terpsichore, et je n'en fus pas moins frappé qu'eux.

On juge bien qu'une si riche et si noble héritière ne manquait pas d'adorateurs. Parmi ceux qui aspiraient à l'honneur de l'épouser, aucun n'était plus en droit de se flatter de cette espérance que don Juan Tellès Giron, comte d'Urenna, fils unique du duc d'Ossone, et le plus digne de posséder Isabelle. Ce jeune seigneur exerçait à la cour la charge de gentilhomme de la chambre du roi, pour son père, qui était alors à Naples, dont il avait le gouvernement.

Tandis que les amans de la fille du duc d'Uzède s'efforçaient par leurs soins de se supplanter les uns les autres, ce ministre envoya chercher le comte, et lui dit : Don Juan, vous savez l'étroite amitié qui nous lie le duc votre père et moi, et l'intérêt que je prends aux affaires de votre maison ; j'ai jugé à propos de vous entretenir en particulier, pour vous représenter que vous devez profiter du temps pendant que la fortune vous rit. Le duc d'Ossone a plus d'envieux et d'ennemis que jamais. Ils travaillent sans relâche à le perdre, ils peuvent en venir à bout. Il faut, tandis que son crédit dure, songer à vous établir. Vous êtes en âge de vous marier, et de posséder même de grands emplois. Il y a un an, poursuivit-il, que votre père m'écrivit pour me prier de vous chercher une femme. Je lui répondis qu'elle était toute trouvée ; mais comme il a cessé de m'en parler depuis ce temps-là, j'ignore s'il est toujours dans le même sentiment. Ne manquez pas, ajouta-t-il, de lui mander ce que je viens de vous dire, et de l'assurer que, s'il veut une bru de ma main, je lui en destine une qui est assez riche, assez belle et assez noble pour mériter d'avoir un beau-père tel que lui.

A ce discours, le comte d'Urenna, jugeant bien qu'Isabelle était la bru dont il s'agissait, fit paraître sur son visage une joie que le duc d'Uzède ne remarqua pas sans plaisir. Ce ministre toutefois ne fit pas semblant de s'en apercevoir, et dit à don Juan : Envoyez donc en diligence un exprès à Naples, et la réponse que vous fera le vice-roi décidera de votre mariage. Le comte, pour marquer l'impatience qu'il avait d'être son gendre, prit aussitôt congé de son excellence en lui disant qu'il allait écrire à son père; et sur-le-champ il se rendit chez don Juan de Salzédo, qu'il aimait comme un ancien serviteur de sa maison, et sans le conseil duquel il ne faisait rien. Il lui fit part de la conversation qu'il venait d'avoir avec le ministre, et lui dit ensuite : Je ne sais qui je dois envoyer à Naples; j'aurais besoin d'un homme d'esprit et de confiance, qui pût informer mon père de mille choses secrètes que je n'oserais lui écrire.

Alors Salzédo, songeant à moi, et croyant me procurer une bonne aubaine, me proposa comme une personne fort propre à s'acquitter de cette commission, et dont il répondait. Là-dessus le comte, s'étant déterminé à se servir de moi, voulut m'entretenir. J'eus avec lui une conférence particulière, dans laquelle il me dit toutes les choses qu'il désirait que son père apprît. Enfin, après avoir reçu de ce jeune seigneur de très-amples instructions, et deux paquets, l'un pour le duc, et l'autre pour la duchesse d'Ossone, avec une bourse de deux cents pistoles, je me disposai à partir pour l'Italie. Mais avant mon départ j'allai prendre congé du secrétaire Salzédo, qui me dit en m'embrassant avec affection : Allez, mon cher don Chérubin, je suis ravi que vous fassiez ce voyage. Il vous en reviendra de bonnes pistoles, *et lavina videbis littora.* Je partis donc de Madrid; et suivant de près un courrier que la cour envoyait par terre à Naples, j'y arrivai presqu'en même temps que lui.

CHAPITRE XII.

De quelle manière don Chérubin est reçu du vice-roi de Naples, et des entretiens qu'ils eurent ensemble. Il reçoit des présens considérables du duc et de la duchesse, ce qui le met au comble de la joie. Il retourne à Madrid.

Il y avait déjà trois ans que le duc d'Ossone était vice-roi du royaume de Naples, après avoir pendant quatre années gouverné la Sicile. J'allai descendre au palais royal où il demeurait, et je me fis annoncer à son excellence comme un courrier que le comte d'Urenna son fils lui dépêchait.

Le vice-roi était alors dans son cabinet. Il ordonna qu'on me fît entrer. Je lui présentai le paquet qui lui était adressé. Il l'ouvrit; et après avoir lu ce qu'il contenait : Voilà, me dit-il, des dépêches qui me sont d'autant plus agréables qu'elles me sont apportées par un secrétaire même du duc d'Uzède ; mais dites-moi, je vous prie, continua-t-il, si la fille de ce ministre est d'un mérite aussi rare que mon fils me le mande ? Je me défie un peu des portraits que les amans font de leurs maîtresses. Monseigneur, lui répondis-je, avec quelques couleurs que monsieur le comte ait pu vous peindre Isabelle de Sandoval, la copie ne saurait être qu'au-dessous de l'original. En un mot, quelque image charmante que vous vous fassiez de cette dame, votre imagination ne peut vous tromper. Représentez-vous une personne de quinze ans, qui joint à une beauté parfaite un esprit vif et un jugement solide; cette idée ne renfermera qu'une partie des belles qualités d'Isabelle. Il est vrai qu'elle n'a pas l'humeur sérieuse et la gravité qu'ont ordinairement les dames espagnoles; mais ce défaut, qui n'en est un qu'en Espagne, trouvera grâce auprès de votre excellence. Vous avez raison, interrompit le duc en souriant, tout Espagnol que je suis, je préférerai toujours un naturel enjoué à un caractère grave.

Dans cet endroit de notre conversation, la duchesse d'Ossone ayant su qu'il était arrivé un courrier dépêché par don Juan

Tellès, entra dans le cabinet, fort impatiente d'apprendre des nouvelles de ce cher fils. Madame, lui dit son époux, il se présente un parti avantageux pour le comte d'Urenna. Le duc d'Uzède veut bien le recevoir pour gendre préférablement à plusieurs seigneurs qui recherchent Isabelle, sa fille unique. Je remis aussitôt à la vice-reine le paquet dont j'étais chargé pour elle, et qui ne contenait que les mêmes choses qui étaient dans l'autre. Lorsqu'elle en eut fait la lecture, ils commencèrent tous deux à délibérer, non s'ils consentiraient à ce mariage, mais sur ce qu'ils avaient à faire dans cette occasion. Ils résolurent de me renvoyer à Madrid dès le lendemain, pour témoigner au duc et à la duchesse d'Uzède l'empressement qu'ils avaient d'allier la maison de Giron à celle de Sandoval. Il fut aussi arrêté entre eux qu'ils écriraient au duc de Lerme et à dona Isabella.

Ils passèrent la journée à faire leurs dépêches; et comme don Juan mandait à son père que je pourrais l'instruire de plusieurs particularités dont il était bien aise de l'informer, j'eus le soir avec son excellence un entretien plus long que le premier. Faites-moi, me dit-il, un rapport fidèle de tout ce que le comte mon fils vous a chargé de m'apprendre. Vous m'allez parler sans doute de la dernière lettre que j'ai écrite au roi, vous m'allez dire qu'elle a révolté la plupart des grands. Justement, monseigneur, lui répondis-je, c'est par là que je vais commencer. En proposant de rendre les charges vénales en Espagne, vous avez soulevé contre vous le conseil, lequel, étant composé de seigneurs intéressés à rejeter cette proposition, n'a eu garde de l'accepter. Ce qu'il y a de plus facheux, ajoutai-je, c'est que ces seigneurs ne se contentent pas de s'opposer à la vénalité des charges, ils éclatent en murmures; et par de secrètes pratiques s'efforcent de vous faire passer pour ennemi de la nation. Ils sont même secondés par des seigneurs napolitains, qui, d'accord avec eux, écrivent continuellement à la cour des lettres qui tendent à vous rendre suspect.

Le duc d'Ossone, en cet endroit, ne put

s'empêcher de m'interrompre. Voilà, s'écria-t-il en soupirant, voilà ces sujets si fidèles et si zélés, qui protestent qu'ils sont tout prêts à prodiguer leur sang et leurs biens pour la gloire de leur souverain! Si le roi faisait acheter les charges qu'il donne en pur don, quelle maison y perdrait plus que la mienne? Je sacrifie au profit du monarque mes parens et mes alliés; je n'ai en vue que ses intérêts, et l'on m'en fait un crime! Telle est la récompense des serviteurs trop affectionnés.

Continuez, poursuivit-il, je suis très-content du choix que mon fils a fait de vous pour m'instruire de ce qui se passe à la cour à mon préjudice; vous vous acquittez de cet emploi d'une manière qui m'est agréable. Continuez donc. Quelle injustice me fait-on encore? La plus effroyable, repris-je, et la plus sensible qu'on puisse faire à un fidèle sujet de Philippe. Vous avez, dit-on, formé l'ambitieux projet de vous faire roi de Naples.

Le duc à cette accusation ferma les yeux, haussa les épaules, et me demanda qui pouvait être assez son ennemi pour lui vouloir imputer un si coupable dessein. C'est le comte de Bénévent, lui répondis-je, et quelques autres seigneurs, qui répandent ce bruit, que vos armemens, ou, pour parler plus juste, vos belles actions et vos grands services semblent justifier. Il y a dans votre administration, dont ils sont jaloux, de quoi, disent-ils, faire votre procès. J'ai tort, interrompit encore son excellence, j'ai tort, je connais ma faute présentement. Je devais suivre l'exemple des vice-rois de Sicile et de Naples mes prédécesseurs. Je devais laisser ravager par les Turcs ces deux royaumes, m'enrichir aux dépens du roi et de ses sujets, et après cela retourner à la cour pour y recueillir des louanges sur mon sage gouvernement. O malheureuse monarchie! s'écria-t-il en levant les yeux au ciel, faut-il donc que ceux qui te servent avec le plus d'ardeur, et qui ne cherchent qu'à augmenter ta gloire, passent pour tes ennemis!

Après cette apostrophe pleine d'amertumes, le duc me fit de nouvelles questions: Apprenez-moi, me dit-il, qui sont les seigneurs qui ont actuellement le plus de part à la confiance du prince d'Espagne. Je lui en nommai plusieurs, et je n'oubliai pas don Gaspard de Gusman d'Olivarès. C'est ce dernier, lui dis-je, qui paraît le plus chéri. Il est vrai que, si l'on en croit la chronique de Madrid, il se sert d'un moyen sûr pour gagner l'amitié du jeune Philippe. Quel est donc ce moyen? répliqua le duc. C'est celui qui fait réussir toutes les entreprises, lui repartis-je, c'est l'argent. On prétend que le comte d'Olivarès, qui a de grands biens, en emploie une bonne partie à procurer des plaisirs à ce prince, que l'avarice du roi réduit à désirer beaucoup de choses inutilement.

Les chroniqueurs, continuai-je, disent peut-être la vérité; du moins sais-je que le prince d'Espagne, lorsqu'il fait des parties de chasse, trouve souvent de superbes collations préparées par les soins et aux frais de don Gaspard. A ces paroles, le vice-roi me dit en branlant la tête : d'Olivarès a bien la mine de supplanter le duc de Lerme et son fils. Je souhaite que ma prédiction soit fausse; mais si par malheur il arrive qu'elle s'accomplisse, qu'ils ne s'en prennent qu'à eux-mêmes. Pourquoi souffrent-ils auprès de l'héritier de la couronne un courtisan fin et délié, qui s'empare à leurs yeux du timon de la monarchie?

Quand le duc d'Ossone n'eut plus rien à me demander, ni moi rien à lui dire, il me livra ses dépêches en me disant : Allez vous reposer, et demain retournez en Espagne; mais avant votre départ voyez mon trésorier, je lui ai donné des ordres qui vous regardent. Je commençai par là le jour suivant. Je vis le trésorier qui me mit entre les mains, de la part de son excellence, une lettre de change de trois mille écus, tirée sur un fameux banquier de Madrid, et payable à vue. Outre ce présent, j'en reçus un autre que m'envoya la vice-reine par un de ses écuyers. C'était une chaîne d'or admirablement bien travaillée, et qui valait tout au moins deux cents pistoles. Je partis de Naples avec toutes ces richesses, et repris le chemin de Madrid, où j'eus le bonheur d'arriver sans avoir fait aucune mauvaise rencontre.

CHAPITRE XIII.

Don Juan Tellès épouse la fille du duc d'Uzède. Suite de ce mariage. Du nouveau parti que prit don Chérubin.

J'allai d'abord rendre compte de ma commission à don Juan Tellès, qui m'embrassa de joie lorsqu'il eut fait la lecture de la lettre de son père. Ce jeune seigneur, pour me faire connaître jusqu'à quel point il était satisfait de moi, ou, pour mieux dire, des nouvelles que je lui apportais, me gratifia d'une bourse dans laquelle il y avait deux cents doublons.

Il alla promptement communiquer au duc d'Uzède les dépêches du vice-roi; et deux jours après, son mariage avec dona Isabella de Sandoval fut déclaré. On en fit les apprêts avec toute la magnificence convenable à la qualité des époux; et le duc d'Uzède eut autant d'empressement à le faire consommer que le duc d'Ossone avait d'impatience qu'il le fût. Les parens et les amis des maisons de Giron et de Sandoval le célébrèrent avec de grandes démonstrations de joie, et véritablement l'hymen ne pouvait unir deux personnes mieux assorties.

A peine les réjouissances étaient-elles achevées, que le vice-roi manda au duc d'Uzède que, pour parvenir au comble de ses vœux, il n'en avait plus qu'un à remplir, qui était d'avoir sa belle-fille auprès de lui; qu'il le priait de la lui envoyer pour lui faire voir l'Italie, et particulièrement la ville de Naples; et qu'enfin, pour rendre ce voyage plus agréable à la jeune épouse, il souhaitait aussi que son époux l'accompagnât sous le bon plaisir du roi. Le fils du cardinal de Lerme entra dans les sentimens du duc d'Ossone; et, se prêtant à ses desirs, il obtint de sa majesté la permission d'envoyer sa fille à Naples avec le comte d'Urenna. Les préparatifs du départ de ces époux furent bientôt faits, le vice-roi ayant expressément défendu à son fils d'avoir une nombreuse et fastueuse suite. Ils partirent donc pour se rendre à Barcelonne, où deux galères envoyées par le duc d'Ossone les attendaient pour les transporter à Gênes; et là, don Octavio d'Aragon devait les venir prendre avec huit galères pour les conduire à Naples.

Il est rare qu'un gueux qui s'enrichit ne se laisse point étourdir de la possession de ses richesses. Je ne fus pas à l'épreuve de ces étourdissemens. Lorsque je vins à compter mes espèces, et que je vis que j'avais devant moi près de deux mille pistoles, je me dégoûtai de mon poste de commis. Il me sembla qu'un garçon qui possédait tant de bien devait mener une vie libre, indépendante, et surtout oisive, telle qu'est ordinairement celle des honnêtes gens en Espagne. Puisque je puis vivre, disais-je, en cavalier noble, et faire le galant dans le monde, je serais un grand fou de demeurer dans les bureaux du ministère, où il faut travailler toute la journée. Il est bien plus gracieux de n'avoir rien à faire qu'à se promener et qu'à se réjouir avec ses amis.

C'est ainsi que, cédant au penchant qui m'entraînait, je me laissai tout à coup aller au libertinage sans que ma philosophie pût m'en défendre. Au contraire, je ne voulus écouter aucune remontrance de sa part ; et quand je dis adieu au secrétaire Salzédo, tous les discours qu'il me tint pour m'arrêter dans son bureau, quoique remplis de raison et de latin, furent inutiles. Je louai un bel appartement dans un hôtel garni, et je me fis faire deux riches habits, sous lesquels alternativement j'allais me faire voir à la cour et au Prado.

CHAPITRE. XIV.

Don Chérubin rencontre le petit licencié Carambola. De l'entretien qu'il eut avec lui. Aventure plaisante arrivée au licencié. Quelle en est la suite.

Un jour que j'étais à la promenade, où je prenais plaisir à lorgner les dames qui passaient auprès de moi, j'aperçus le petit licencié biscayen que j'avais laissé à Tolède. Il ne me reconnut pas d'abord sous mon nouvel habillement : mais je l'appelai ; il vint à moi, et nous nous embrassâmes. Je suis ravi, lui dis-je, mon ami, que la fortune nous rassemble ici tous deux. Au lieu de me répondre, Carambola ouvrit de grands yeux, et se mit à me considérer depuis les pieds jusqu'à la tête. Ensuite riant de toute sa force : Quelle métamorphose! s'écria-t-il : vous en cavalier! Qui vous a fait quitter la soutane pour l'épée? Je m'en doute bien : c'est cette belle marquise chez qui vous avez été précepteur à Tolède; c'est elle apparemment qui dérobe à l'Église le bachelier don Chérubin? Je lui répondis que non. Vous vous êtes donc, reprit-il, faufilé à Madrid avec quelque riche dame qui fait avec vous bourse commune? Avouez-moi la vérité : vous avez ici quelque bonne fortune.

Si vous voulez, dis-je au Biscayen, m'écouter un moment, je satisferai votre curiosité. Il me laissa parler. Alors je lui racontai ce qui m'était arrivé depuis notre séparation. Après cela je le priai de m'apprendre à son tour ce qu'il faisait actuellement à Madrid. Toujours le métier de précepteur, me répondit-il : je n'en puis faire un autre. Je suis condamné au préceptorat, ou, pour mieux dire, aux galères pour toute ma vie.

Pendant que vous étiez, continua-t-il, chez la marquise de Torbellino, et que vous y passiez le temps plus agréablement que moi, qui me voyais sur le pavé sans argent, ou du moins ſort près d'en manquer, j'abandonnai Tolède, comme une ville qui me devenait de jour en jour plus désagréable. Je vins à Madrid, où je trouvai mcyen d'entrer chez un riche bourgeois qui était veuf, et qui avait un fils de douze ans. Ce bourgeois ne mangeait jamais chez lui : il allait dîner et souper en ville tous les jours ; ce qui ne rendait pas au logis notre ordinaire meilleur. Une femme de quarante-cinq à cinquante ans, qui gouvernait sa maison, nous apprêtait à manger.

La mauvaise cuisinière ! Tantôt elle mettait trop de sel dans ses ragoûts, et tantôt trop de poivre, de gérofle ou de safran. J'avais beau m'en plaindre, la maudite créature avait la malice de ne vouloir pas se corriger. Je crois même qu'elle le faisait exprès pour me dégoûter de cette maison et m'obliger d'en sortir, m'ayant pris en aversion, je ne sais pas pourquoi, si ce n'est à cause que j'avais avec elle un air de Caton.

De mon côté, pour me venger de cette vieille sorcière, je m'obstinai, malgré ses ragoûts épicés, à demeurer chez ce bourgeois, où je serais encore sans une aventure qui n'est peut-être jamais arrivée à aucun précepteur. Un jour que j'avais reçu vingt pistoles à compte de mes appointemens, j'entrai dans un tripot où j'avais la rage d'aller jouer dès que je me sentais un écu. La fortune, qui m'est plus souvent contraire que favorable au jeu, me rit cette fois-là. Je gagnai dix doublons, qui ne furent pas sitôt dans ma poche, qu'il me prit envie de donner à souper à deux dames avec qui j'avais fait connaissance, et qui demeuraient à la porte du Soleil. Je me rendis chez elles dans cette louable intention, après avoir ordonné chez un traiteur un repas bien conditionné.

Je fus reçu de ces dames d'autant plus joyeusement que j'avais coutume de les régaler dans les visites que je leur faisais. Nous commençâmes à nous entretenir gaîment; et d'abord qu'on nous eut apporté le souper que j'avais commandé, nous nous assîmes à table. Je m'attendais à me bien réjouir pour mon argent, quand j'entendis ouvrir la porte de la chambre où nous étions, et que dans un homme qui entra tout à coup je reconnus le bourgeois dont j'élevais le fils, le père de mon écolier. Il me remit aussi dans le moment; et sa surprise égalant la mienne, nous demeurâmes tous deux interdits et muets, nous regardant l'un l'autre comme si nous eussions douté du rapport de nos yeux. Mais le désordre où étaient nos esprits ne dura pas longtemps; nous nous rassurâmes bientôt, et, perdant la honte de nous rencontrer là, nous nous mîmes à faire de si grands éclats de rire, que les dames nous prirent pour deux amis qui se trouvaient chez elles par hasard.

A ce que je vois, messieurs, nous dit l'une de ces nymphes, vous vous connaissez? Nous devons bien nous connaître, lui répondit le bourgeois : nous nous voyons tous les jours, nous mangeons quelquefois ensemble, et nous couchons sous le même toit. Il ne nous manquait que d'avoir des amies communes, nous n'avons plus rien à désirer. L'air railleur dont il dit ces paroles me mit en train de plaisanter aussi : ce que je fis à tout événement, et bien résolu de rompre en visière au bourgeois, s'il s'avisait de me chicaner sur notre rencontre chez ces dames. Mais, au lieu de me témoigner le moindre mécontentement là-dessus, il s'assit à table avec nous, en disant d'un air aisé qu'il ne croyait pas être de trop dans la compagnie. Véritablement, il fut de si belle humeur, qu'il me parut fort agréable. Il me porta des brindes, et me fit mille amitiés. Insensiblement j'oubliai que j'étais avec le père de mon disciple, et nous fîmes ensemble la débauche.

Lorsqu'il fut temps de nous retirer, nous prîmes congé des dames, et retournâmes au logis. Quand nous y fûmes arrivés, le bourgeois me dit : Monsieur le licencié, je ne vous sais point mauvais gré d'aller chez ces femmes que nous venons de voir; mais gardez-vous bien, je vous prie, d'y mener mon fils avec vous.

Carambola ne put s'empêcher de rire en achevant ces derniers mots, et ses ris furent accompagnés des miens. Voilà, lui dis-je, un père admirable, et une excellente maison pour un précepteur. Je l'ai pourtant quittée, reprit le Biscayen, pour l'honneur de mon caractère. J'ai cru qu'il ne convenait point à un licencié vicieux de demeurer dans un endroit où il était connu. Je suis placé ailleurs. J'élève le fils naturel d'un conseiller du conseil des Indes, et j'espère que son éducation me sera plus utile que celle d'un enfant légitime. Je souhaite, dis-je à Carambola, que vous ne vous flattiez point d'une vaine espérance; mais, vous me l'avez dit cent fois, il ne faut pas trop compter sur la reconnaissance des parens. Cela n'est que trop vrai, me repartit le petit licencié; cependant les personnes à qui j'ai affaire me paraissent si généreuses, que je ne puis m'empêcher de faire un grand fond sur elles.

CHAPITRE XV.

Don Chérubin fait connaissance avec un aimable cavalier nommé don Manuel de Pédrilla. De quelle façon ils passaient le temps ensemble. De l'agréable surprise où se trouva un soir don Chérubin en soupant avec des dames. Ce qu'elles étaient. Leurs entretiens.

NOTRE conversation fut troublée par un cavalier avec qui j'avais depuis peu fait connaissance, et qui me vint joindre à la promenade. Sans adieu, me dit aussitôt le Biscayen : nous nous reverrons. En même temps il se retira, me laissant avec mon nouvel ami, qui se nommait don Manuel de Pédrilla. C'était un gentilhomme de la ville d'Alcaraz, sur les confins de la Castille nouvelle, un cavalier à peu près de mon âge, et d'une agréable figure. L'envie de voir la cour l'avait attiré à Madrid. Il logeait dans mon hôtel garni; nous mangions ensemble, et nous allions tous les jours aux spectacles et à la promenade. Enfin nous nous attachâmes l'un à l'autre, et nous devînmes inséparables.

Un matin, pendant que nous nous entretenions dans son appartement, il y entra un petit laquais qui lui remit une lettre. Don Manuel la lut, et dit ensuite au porteur : Mon enfant, tu peux assurer ta maîtresse que je n'y manquerai pas. Ensuite m'adressant la parole : Seigneur don Chérubin, poursuivit-il, je dois souper ce soir chez deux dames, où il m'est permis de mener un ami. Voulez-vous bien m'accompagner ? J'acceptai la proposition en répondant avec un sourire à don Manuel que je le remerciais de la préférence. Vous avez raison, répliqua-t-il en souriant à son tour, la partie que je vous propose mérite bien un remercîment. Sachez que vous souperez avec deux dames des plus aimables et des plus amusantes. Elles ont des manières aisées ; ce sont deux femmes de qualité qui demeurent et vivent ensemble à frais communs et à la française. Leur maison est ouverte aux honnêtes gens ; on y joue et l'on y soupe. Et elles s'entretiennent sans doute du profit du jeu ? interrompis-je en riant. C'est ce que je ne sais point, reprit-il. Peut-être ont-elles des amans qui font secrètement leur dépense; mais elles ne paraissent pas en avoir. On ne voit rien chez elles qui rende leur vertu suspecte.

Je demandai comment ces dames se nommaient. L'une s'appelle Isménie, répondit mon ami, et l'autre Basilisa. Elles se disent veuves de deux gentilshommes grenadins; et, à les entendre, elles ne sont venues à Madrid que par curiosité. A laquelle des deux, lui dis-je, votre cœur s'est-il rendu ? J'aime Isménie, repartit don Manuel, et j'ai tout lieu de croire que je ne soupire pas pour une ingrate; mais je n'en suis point aimé comme je voudrais l'être : elle n'a pour moi que des demi-bontés. Que j'ai d'impatience, m'écriai-je, de voir Isménie, aussi-bien que sa compagne! Vous verrez, me dit-il, deux personnes que vous me saurez bon gré de vous avoir fait connaître.

Le soir étant venu, don Manuel me mena chez ces dames, qui logeaient dans une maison assez belle et fort bien meublée.

Mesdames, leur dit-il, en me présentant à elles, je crois que vous trouverez bon que je vous amène le meilleur de mes amis, qui est un gentilhomme de la province de Léon, et de plus un garçon de mérite. Les dames lui répondirent que ma vue confirmait le bien qu'il pouvait leur dire de moi, et elles m'honorèrent de l'accueil le plus gracieux.

Je ne ferai point le portrait de ces dames; je dirai seulement que je fus frappé de leur beauté, et qu'après un quart d'heure de conversation, je me sentis également charmé de l'une et de l'autre, quoiqu'elles fussent d'un caractère différent. Isménie était sérieuse, et Basilisa fort enjouée. La première parlait avec autant de dignité que d'élégance, et ne donnait rien au hasard; et la seconde hasardait volontiers, mais presque toujours heureusement. Comme don Manuel s'aperçut que je prenais un extrême plaisir à les entendre : Seigneur don Chérubin, me dit-il, avouez que vous ne me savez pas mauvais gré de vous avoir amené ici.

Au nom de don Chérubin, Basilisa me

regarda fort attentivement, et me demanda dans quel endroit d'Espagne j'étais né. Madame, lui répondis-je, la province de Léon m'a vu naître; pourquoi me faites-vous cette question? La dame parut troublée de ma réponse, et me répliqua de cette sorte : Ce n'est pas sans raison que je vous la fais; je connais quelques personnes de Salamanque. Est-ce dans cette ville que vous avez pris naissance? Non, lui repartis-je, mais aux environs. Je suis venu au monde à Molorido, gros bourg, dont mon père était alcade. Comment se nommait-il? dit Basilisa. Il s'appelait don Roberto de la Ronda. Ah! mon frère, s'écria la dame en se levant pour venir m'embrasser, mon cher don Chérubin, c'est vous! Est-il possible que la fortune vous rende aujourd'hui à votre sœur Francisca! car c'est elle que vous rencontrez ici sous le nom de Basilisa.

Le sang fit en moi également bien son devoir. J'eus tant de joie d'avoir retrouvé ma sœur, que je la serrai entre mes bras avec un saisissement qui m'empêcha de parler pendant quelques instans. De son côté, pénétrée de l'excès de ma sensibilité, elle devint muette à son tour ; de manière que nous ne pûmes d'abord nous exprimer que par des larmes. Isménie et don Manuel furent attendris de notre reconnaissance, et nous accablèrent d'accolades pour nous marquer la part qu'ils y prenaient tous deux.

Après tant d'embrassemens, nous nous remîmes à table, et nous recommençâmes à nous entretenir avec la même gaîté qu'auparavant. La conversation n'était pas toujours générale. De temps en temps Basilisa, que je n'appellerai plus désormais que dona Francisca, me faisait tout bas des questions sur la famille; et tandis que nous parlions ainsi, don Manuel entretenait Isménie de la même façon. La nuit était fort avancée quand nous prîmes congé de ces dames. Don Chérubin, me dit ma sœur, venez demain dîner avec moi tête-à-tête. Je meurs d'impatience d'apprendre vos aventures, et vous ne devez pas en avoir moins de savoir les miennes.

FIN DE LA PREMIÈRE PARTIE.

SECONDE PARTIE.

CHAPITRE PREMIER.

Don Chérubin de la Ronda va dîner chez sa sœur; ils se racontent ce qui leur est arrivé depuis leur séparation. Histoire et aventures galantes de dona Francisca.

A mon retour dans mon hôtel garni, j'eus beau vouloir me procurer quelques heures de sommeil, mes esprits étaient dans une si grande agitation, qu'il me fut impossible de m'endormir.

Je n'étais pas peu curieux d'entendre ma sœur conter les événemens de sa vie, quoique je ne doutasse nullement qu'elle ne m'en fît un récit tronqué. De son côté, n'ayant pas moins d'envie de me revoir que j'en avais de l'entretenir, elle ne prit pas plus de repos que moi. Si bien que, m'étant rendu chez elle quand je jugeai qu'il y était jour, je la trouvai qui m'attendait tout habillée dans son appartement : Venez, mon frère, me dit-elle, venez satisfaire ma curiosité, après cela je contenterai la vôtre. Hé bien, qu'avez-vous fait depuis que vous avez quitté l'université de Salamanque? Ma chère sœur, lui répondis-je, j'aurai bientôt rempli votre attente. En même temps je lui détaillai fidèlement mes bonnes et mes mauvaises aventures. Lorsque j'eus cessé de parler, dona Francisca me fit compliment sur l'état présent de ma fortune. Ensuite se disposant à me raconter son histoire, elle la commença dans ces termes.

Après la mort de don Roberto de la Ronda mon père, ou pour mieux dire, du Corrégidor de Salamanque, vous prîtes, comme vous savez, votre parti, mon frère don César et vous; et je demeurai avec ma mère, à qui la médiocrité de nos biens ne permettait pas de me donner une belle éducation, ce qui lui causa tant de chagrin, qu'elle en mourut. Heureusement dona Melancia, ma marraine, et don Balthasar de Favanella son époux, n'en furent pas plus tôt informés, qu'ils vinrent me chercher à Molorido; et comme ils n'avaient point d'enfans ils m'emmenèrent à Salamanque dans le dessein de m'élever chez eux. Je retrouvai dans ma marraine et dans son mari de nouveaux parens, qui, me donnant tous les jours de nouvelles marques de tendresse, me permettaient peu de sentir le malheur d'être orpheline.

Quoique je n'eusse guère alors plus de dix ans, j'étais si avancée pour mon âge, que je m'attirai l'attention de don Fernand de Gamboa, jeune gentilhomme de nos voisins. Il venait souvent au logis avec son père, qui vivait dans une liaison si étroite avec don Balthasar, qu'ils étaient presque toujours ensemble. A la faveur de cette union, don Fernand avait la liberté de me voir et de me parler quand il lui plaisait. Comme il n'avait que deux ou trois années plus que moi, on ne croyait pas devoir encore épier nos petits entretiens : cependant nous méritions déjà d'être observés; et peut-être s'en serait-on bientôt aperçu, si tout à coup on n'eût pas fait disparaître à mes yeux don Fernand. Mais son père l'emmena brusquement à la cour avec lui, pour le mettre dans la garde espagnole, où il venait d'obtenir une enseigne par le crédit de ses amis. Je fus deux ou trois jours fort affligée de la perte de mon amant; mais enfin je m'en consolai comme une grande fille.

Peu de temps après le départ du jeune Gamboa, je fis naître une nouvelle passion. Don Balthasar, quoique âgé de cinquante et quelques années, prit dans mes yeux un amour auquel je répondis d'abord sans m'en apercevoir, recevant les caresses qu'il me faisait comme des marques innocentes de l'amitié d'un parrain, car je l'appelais ainsi. Ce vieux pécheur m'aurait infailliblement séduite, si par bonheur ma marraine n'eût pénétré et fait avorter son dessein, en m'envoyant promptement à Carthagène dans un couvent dont l'abbesse était sa parente. Après avoir évité deux écueils dangereux, j'entrai dans ce monastère comme dans un port, où vraisemblablement je devais être à couvert des traits de l'amour. Mais ce dieu, attaché à sa proie, avait résolu de me poursuivre partout, et je ne crois pas qu'il y ait d'asile qui lui soit inaccessible.

Madame l'abbesse, à qui dona Mélancia m'avait fortement recommandée, me prit en affection. Elle me mit au nombre des pensionnaires et des jeunes religieuses qui composaient sa cour, et parmi lesquelles il y avait des personnes d'une beauté parfaite. Toutes ces filles à l'envi s'empressaient à la divertir par leurs talens. Celles qui avaient de la voix formaient des concerts avec celles qui savaient jouer de quelque instrument, et celles qui dansaient avec grâce concouraient aussi au plaisir de l'abbesse, laquelle, environnée de ces gentilles pucelles, ressemblait à Diane au milieu de ses nymphes. Je voyais d'un œil d'envie les efforts que ces filles faisaient pour lui plaire, et j'aurais voulu réunir en moi tous leurs divers talens pour lui devenir plus agréable. Quoique j'eusse des principes de danse, et que je ne manquasse pas de voix, je n'étais qu'une ignorante, ou du moins je n'étais pas encore assez habile pour contribuer au divertissement de notre abbesse, qui, voyant ma bonne volonté, me fit apprendre à danser et à chanter par deux excellens maîtres.

Ils eurent peu de peine à me perfectionner dans ces deux arts, tant j'y avais de disposition. En moins d'une année ils me rendirent la meilleure chanteuse et la plus forte danseuse du couvent. J'appris aussi à pincer un luth avec délicatesse, de sorte que je devins peu à peu un sujet admirable et universel. Toutes les dames de Carthagène qui venaient prendre part à nos fêtes m'accablaient de complimens, et n'oubliaient pas d'en faire à madame l'abbesse sur l'avantage qu'elle avait de posséder une fille d'un si rare mérite. L'abbesse elle-même se faisait honneur de mes talens, qu'elle regardait en quelque façon comme son ouvrage. Néanmoins, au lieu de s'applaudir de me les avoir fait acquérir, elle devait plutôt se le reprocher. Aussi eut-elle bientôt sujet de s'en repentir. Un de ses neveux qu'elle aimait tendrement, et qui se nommait don Grégorio de Clévillente, vint à Carthagène exprès pour la voir, et pour passer quinze jours avec elle, ce qu'il avait coutume de faire une fois tous les ans. Ce cavalier était jeune, beau et très-bien fait. Il soupait tous les soirs au parloir avec sa tante et ses pensionnaires favorites, du nombre desquels j'avais l'honneur d'être. Les plus spirituelles tenaient pendant le repas des discours réjouissans pour divertir don Grégorio; et, après le souper, toutes les personnes capables de former un concert s'assemblaient, et la fête finissait toujours par des danses.

Je remarquai le premier jour que Clévillente, charmé de voir tant de belles filles ensemble, promenait sur elles des regards incertains sans pouvoir se décider pour aucune. Quand l'une le touchait par une voix moelleuse, l'autre le ravissait par une danse remplie de grâces. Il était aussi embarrassé qu'un sultan qui veut jeter le mouchoir. Il se détermina pourtant, et devint amoureux de ma figure au préjudice de plusieurs personnes qui valaient mieux que moi. Il me le fit assez connaître par les œillades qu'il me lança le second jour, ou plutôt il n'eut des yeux que pour votre sœur.

Je ne fis pas semblant d'y prendre garde, et je ne répondis point à ses mines; mais le diable n'y perdit rien. Dès le moment qu'il me parut que je m'étais fait un amant de don Grégorio, je me sentis naître de l'inclination pour ce cavalier, que j'avais auparavant impunément regardé. Quelle joie pour lui s'il eût pu lire sur mon visage ce qui se passait dans mon cœur! Mais j'y renfermai si bien mon amour naissant, qu'il n'en eut pas le moindre soupçon. Au contraire, s'imaginant que je n'avais fait aucune attention à ses regards, il entreprit de me déclarer ses sentimens en termes formels; et voici de quelle manière il réussit dans son entreprise.

Il fit confidence de sa passion à un jeune valet de chambre qu'il avait, et qui était un garçon fort adroit : Brabonel, lui dit-il ensuite, pourrais-tu bien faire tenir secrètement un billet à dona Francisca ? Pourquoi non ? lui répondit Brabonel ; j'ai fait des choses beaucoup plus difficiles. J'ai lié connaissance avec une tourière de ce couvent, et je puis vous assurer que je l'engagerai facilement à vous rendre ce petit service. Donnez-moi seulement votre lettre, et je me charge du reste.

Brabonel ne se vantait pas sans raison d'être des amis de la tourière, puisque effectivement dès le même jour elle me dit, en me coulant secrètement dans la main un billet de Clévillente : Tenez, belle Francisca, lisez ce papier, vous y verrez quelque chose qui vous fera plaisir. Je lui demandai ce que c'était ; mais, au lieu de me répondre, elle s'éloigna de moi avec une précipitation qui me fit soupçonner cette bonne tourière d'être un peu trop obligeante.

Je trouvai en effet dans la lettre de don Grégorio une déclaration d'amour des plus vives ; et ce cavalier m'y pressait par des instances énergiques de lui permettre de me parler en particulier. J'aurais dû, je l'avoue, porter d'abord ce billet à madame l'abbesse ; mais c'est ce que je ne fis point, et ce que je ne fus pas même tentée de faire. Une fille de treize ans n'a pas tant de prudence. Plus flattée de la conquête d'un amant qui ne me déplaisait pas qu'irritée de son audace, je pris le parti de dissimuler et de voir s'il persisterait à m'aimer ou plutôt à vouloir me séduire ; car il n'avait pas une autre intention. Il fit donc encore agir la tourière, qui ne se contenta pas de me remettre de sa part d'autres billets ; elle eut l'adresse de m'engager à lui faire réponse, et de nous ménager même une entrevue dans laquelle don Grégorio me fit entendre qu'il avait résolu de m'épouser ; mais que, pour y parvenir, il fallait qu'il m'enlevât, attendu que sa tante ne consentirait point, disait-il, à notre mariage.

Il eut peu de peine à me persuader ; et, m'imaginant que je suivais un époux, je me laissai docilement conduire sous un habit d'homme au château de Clévillente, où pendant deux mois mon ravisseur eut pour moi de grandes attentions. Il en eut moins dans la suite : et son amour enfin se refroidit. Je lui fis ressouvenir qu'il m'avait promis de m'épouser, et je le pressai de me tenir parole ; il me paya de défaites. Cela me déplut ; et, piquée de sa mauvaise foi, je commençai à le mépriser. Du mépris je passai à la haine ; et, lorsque j'en fus là, j'eus bientôt pris la résolution de quitter le parjure : ce que j'exécutai courageusement. Un jour qu'il était allé à la chasse du côté d'Alicante, je m'échappai sous mon habit d'homme, et marchai vers Origuela, où j'arrivai sur la fin de la journée. J'entrai chez une bonne veuve qui tenait hôtellerie, et qui, jugeant à mon air que je devais être un enfant de famille qui courait le pays : Mon petit gentilhomme, me dit-elle, que venez-vous faire à Origuela? Je viens, lui répondis-je, y chercher condition. Je servais à Murcie en qualité de page une dame dont je n'étais pas content; je l'ai quittée, et j'ai dessein d'aller de ville en ville jusqu'à ce que j'aie trouvé une nouvelle maîtresse, ou quelque seigneur qui veuille me prendre à son service.

Un garçon fait comme vous, me dit la fille de l'hôtesse en se mêlant à notre entretien, ne sera pas long-temps dans la ville sans être bien placé. Je répondis par une révérence à ce gracieux compliment, et je m'aperçus que la personne qui venait de le faire me considérait avec une extrême attention. Je remarquai de plus que c'était une fille de vingt-cinq à trente ans, assez jolie et très-bien faite : observation qu'un cavalier à ma place eût faite peut-être avec plus de plaisir que moi.

Me sentant fort fatiguée d'avoir marché toute la journée, je demandai une chambre pour m'y aller reposer. Juanilla, dit alors l'hôtesse à sa fille, menez ce petit poulet au cabinet qui donne sur le jardin, et où il y a un bon lit. Juanilla m'y conduisit aussitôt; et lorsque nous y fûmes toutes deux arrivées, elle me dit : Seigneur page, vous serez ici comme un prince. Quand il vient loger dans cette hôtellerie quelque homme d'importance, c'est dans cette chambre que nous le faisons coucher.

Pour mieux contrefaire un cavalier qui se trouve en pareil cas, je crus devoir faire le galant et prodiguer des douceurs : ce que je fis pourtant avec beaucoup de prudence, de peur d'allumer un feu que je ne pouvais éteindre. Mais avec quelque circonspection que j'affectasse de lui parler, tous les mots flatteurs qui m'échappaient étaient autant de flèches qui lui perçaient le cœur. Lorsqu'elle voulut se retirer, je l'embrassai, et cet embrassement acheva de lui faire perdre la raison. Néanmoins elle sortit brusquement de la chambre, comme une fille qu'agitent des mouvemens trop tendres, et qui craint de succomber à sa faiblesse.

Je fus ravie de sa retraite; et, m'étant couchée un moment après, le sommeil s'empara de mes sens. Je me réveillai au milieu de la nuit, et, entendant marcher quelqu'un dans la chambre, je demandai qui c'était. Aussitôt une voix me répondit d'un ton bas et plein de douceur : Beau page, qui goûtez le repos que vous ôtez aux autres, réveillez-vous pour apprendre votre victoire. Vous avez enflammé Juanilla, qui mourra de douleur et de désespoir si vous dédaignez son cœur et sa main.

Je feignis, pour l'amuser, d'être sensible à son amour, croyant que j'en serais quitte pour des discours passionnés ; mais elle s'approcha de mon lit, et m'agaça de manière qu'il me fut impossible de la tromper plus long-temps. Ma chère Juanilla, lui dis-je, que ne puis-je sceller votre passion du sceau de l'hyménée! Vous êtes la personne du monde pour qui j'aurais le plus de goût, si le ciel m'eût fait homme au lieu de me faire naître fille comme vous.

Si les ténèbres de la nuit ne m'eussent pas caché son visage, je suis sûre que je l'aurais vue changer de couleur à ces paroles; et, quand elle ne put plus douter de ma sincérité, je crois qu'elle fut un peu fâchée d'être détrompée. Néanmoins, prenant en fille d'esprit le parti de rire de son erreur, elle se soumit de bonne grâce à la nécessité. Par ma foi, s'écria-t-elle, je suis plus heureuse que sage, et il faut avouer que je l'ai échappé belle. Quand je songe à la faiblesse que je me sentais pour vous, je frémis d'un péril où je ne me suis point trouvée.

Lorsque je vis que Juanilla le prenait sur ce ton, je suivis son exemple, et, après nous être toutes deux répandues en plaisanteries sur cette aventure, nous nous vouâmes l'une à l'autre une éternelle amitié. Pour m'engager à lui conter mes affaires, elle me fit confidence des siennes; et j'eus tout lieu de juger par son récit qu'elle n'avait pas toujours rencontré des filles sous des habits de garçon. La franchise de Juanilla excita la mienne. Je lui fis un détail fidèle de mon enlèvement, et lui appris pourquoi je m'étais séparée de mon ravisseur. Elle me loua d'avoir eu la force de m'éloigner de ce lâche et perfide suborneur. Ensuite elle me conseilla de cesser de me travestir, afin, ajouta-t-elle en souriant, que d'autres filles n'y soient point attrapées

Je n'ai pas, lui dis-je, une autre intention que celle de me mettre auprès de quelque dame de qualité; et je suis en état d'acheter des habits de fille, en me défaisant d'un gros brillant que je tiens de don Grégorio. Gardez votre diamant, interrompit Juanilla, et me laissez suivre une idée qui me vient. Je suis connue, et j'ose dire aimée d'une riche et vertueuse dame qui fait son séjour à Origuela depuis la mort de son mari, qui était gouverneur de Mayorque. Je ne veux que l'entretenir de vous un moment, et je ne doute pas qu'elle ne veuille vous avoir.

Je laissai agir Juanilla, qui me dit dès le jour suivant : J'ai parlé à la comtesse de

Saint-Agni ; et sur le portrait que je lui ai fait de vous, cette dame a témoigné qu'elle serait bien aise de vous avoir. Je lui ai, à la vérité, raconté votre infortune ; pardonnez-moi cette indiscrétion, je ne vous en ai que mieux servie. La comtesse est la meilleure femme que j'aie jamais connue; une jeune fille qui a été séduite lui paraît plus digne de pitié que de mépris. En un mot, elle compatit à votre malheur, et n'impute votre faute qu'au traître qui vous l'a fait commettre.

Vous êtes donc à madame de Saint-Agni, continua la fille de l'hôtesse. Allez la trouver tout à l'heure; elle veut vous voir en page, après quoi elle vous fera donner un autre habillement. Je remerciai Juanilla du service qu'elle m'avait rendu, et m'étant fait enseigner la demeure de la comtesse, je m'y transportai sur-le-champ.

CHAPITRE II.

Dona Francisca va se présenter à la comtesse de Saint-Agni. De la réception gracieuse que cette dame lui fit, et de l'entretien qu'elles eurent ensemble. Caractère de la comtesse. Dona Francisca hérite de mille pistoles. Ses regrets sur la mort de la comtesse. Résolution qu'elle prend avec Damiana.

Vous vous imaginez bien, mon frère, poursuivit ma sœur, que je ne m'offris pas sans rougir à la vue d'une dame qui savait mon histoire. Je fis plus, je me troublai; et, quoique naturellement assez hardie, je ne m'approchai de la comtesse qu'en tremblant. Elle s'aperçut de mon désordre, et pénétrant ce qui le causait : Rassurez-vous, me dit-elle après avoir fait sortir une femme qui était dans sa chambre; Juanilla m'a tout dit, et je vous plains. Si votre jeunesse, votre honte et votre repentir ne peuvent rendre votre faute excusable, ils vous attirent du moins ma compassion.

A ces paroles, je me laissai tomber aux pieds de la comtesse, et je ne lui répondis que par un torrent de larmes que je ne pus retenir. Mes pleurs produisirent un effet admirable. La dame en fut attendrie, et me relevant avec bonté : Consolez-vous, ma fille, me dit-elle; il est inutile de vous affliger présentement. Prenez plutôt une ferme résolution d'être désormais toujours en garde contre les hommes : vous ne pouvez trop vous en défier. Vous êtes à peine au printemps de vos jours; vous êtes jolie : vous devez craindre de nouveaux séducteurs.

La dame de Saint-Agni me tint encore d'autres discours semblables pour me porter à la vertu. Ensuite, voulant savoir de moi-même qui j'étais et m'entendre parler, elle me questionna sur mes parens. Comme je ne suis pas d'une naissance assez basse pour en rougir, je ne me dis point d'une famille au-dessus de la mienne, et je fis des réponses sincères à toutes ses questions. Quelque basse que soit la naissance, on n'en doit pas rougir : la condition ne donne pas des vertus.

Elle parut assez contente de mon esprit : Francisca, me dit-elle après une longue conversation, je suis ravie que la fortune vous ait adressée à moi. Je conçois de l'affection pour vous, et je veux vous tenir lieu de mère. Je rendis toutes les grâces que je devais à une dame si généreuse ; et, me hâtant de profiter de ses bontés, j'entrai chez elle, moins sur le pied de soubrette que comme une fille que madame aimait et dont elle voulait prendre un soin particulier.

Je m'étudiai d'abord à connaître ma maîtresse à fond. Que cette étude me fit découvrir en elle de bonnes qualités ! Je la trouvai douce, affable, débonnaire, et d'une humeur égale : elle était spirituelle, prudente, vertueuse, et même dévote sans affecter de le paraître. Une maîtresse d'un si rare caractère est trop aimable pour n'être pas adorée des personnes qui la servent. Aussi la comtesse était l'idole de ses domestiques. Pour moi, j'en étais si charmée que je ne croyais pouvoir apporter assez d'attention à lui plaire. Je ne suis pas maladroite, et je sus si bien faire ma cour, que je gagnai en peu de temps sa confiance, ou du moins que je la partageai avec Damiana, vieille femme de chambre qui depuis vingt années était à son service.

Vous observerez, s'il vous plaît, que madame de Saint-Agni était alors sur la fin de son neuvième lustre. Elle avait passé pour une beauté dans sa jeunesse; elle était même fort belle encore; mais ses appas commençaient à céder au pouvoir du temps. Je fus assez surprise un matin de l'entendre soupirer tristement à sa toilette, et de remarquer qu'elle avait les yeux baignés de pleurs. Je pris respectueusement la liberté de lui demander si quelque secret ennui troublait son repos. Elle ne me répondit que par un long soupir. Je la pressai de me dire ce qu'elle avait, et mes instances furent si fortes, qu'elle n'y put résister. Oui, ma chère Francisca, dit-elle en me regardant d'un air triste, oui, je suis la proie d'un chagrin d'autant plus vif, que je suis obligée de le renfermer au fond de mon âme.

N'en demeurez point là, madame, lui répliquai-je, voyant qu'elle cessait de parler; ouvrez-moi votre cœur. Ne me cachez pas le sujet de vos peines : je les partage déjà sans les connaître, et vous les soulagerez en me les apprenant. Je n'ose vous les révéler, repartit ma maîtresse. Il y a du ridicule à les sentir, et je ne puis sans confusion vous en faire confidence. Vous me les découvrirez pourtant, ma chère maîtresse, lui dis-je en me jetant à ses genoux, je ne puis vivre sans les savoir. Devez-vous me les laisser ignorer, à moi qui vous suis entièrement dévouée ? Ne me faites plus, de grâce, un mystère de ce qui vous chagrine ; s'il ne m'est pas possible de vous consoler, du moins que je m'afflige avec vous.

Je parus prendre tant d'intérêt à la situation dans laquelle madame se trouvait, que je lui arrachai enfin son secret. Ma fille, me dit-elle, je ne saurais tenir plus longtemps contre votre zèle et votre amitié; il faut vous avouer ma faiblesse. Apprenez la cause de mon affliction. Je suis sensible à la perte de mes charmes. Je les vois tomber peu à peu en ruine malgré les secours que je puis emprunter de l'art pour les conserver. Cela m'attriste ; que dis-je ? cela me plonge dans une mélancolie qui va si loin quelquefois, que je crains d'en perdre l'esprit. Ce discours vous étonne, poursuivit-elle, en remarquant que j'étais effectivement fort surprise de l'entendre parler ainsi; mais c'est un faible que j'ai, et dont ma raison ne saurait triompher.

Permettez-moi, lui dis-je, madame, de vous représenter que vous ne voyez point ce que vous croyez voir. Pourquoi, trop prompte à vous tourmenter, vous imaginez-vous n'être plus ce que vous êtes toujours? Regardez-vous avec des yeux plus favorables, ou plutôt rapportez-vous-en aux miens. Ils vous diront que le temps n'a point encore flétri vos appas, et que vous jouissez de toute votre beauté. A ces mots, qui suspendirent pour un instant sa douleur, la comtesse répondit en souriant: Que vous êtes flatteuse, Francisca! mon miroir est plus sincère que vous. Il m'annonce chaque jour quelque changement dans ma personne, et mes yeux ne peuvent démentir son témoignage.

Après que la comtesse de Saint-Agni m'eut fait cette confidence singulière, elle ne se contraignit plus devant moi; et, laissant éclater librement ses plaintes, elle me donnait tous les matins la même scène à sa toilette. Je m'entretenais souvent de sa faiblesse avec Damiana, qui ne pouvait s'empêcher d'en rire. Si madame, disait-elle, était une femme galante, je lui pardonnerais sa tristesse. Une vieille coquette s'est fait une si douce habitude d'avoir des amans, qu'elle doit être au désespoir quand elle n'en a plus. Mais ma maîtresse a toujours fui la galanterie. C'est l'intérêt seul de sa propre personne qui la rend si sensible aux outrages des années. Il faut bien s'aimer soi-même pour vieillir de si mauvaise grâce!

Madame de Saint-Agni n'avait que ce défaut, dont malheureusement on ne pouvait espérer qu'elle se corrigerait. Au contraire, se trouvant de jour en jour moins aimable à mesure qu'elle avançait dans sa carrière, au bout de trois ou quatre ans elle se parut si changée, qu'elle n'osait plus se regarder dans son miroir. Francisca, me dit-elle un matin comme en se désespérant, ma chère Francisca, je suis décrépite. On ne peut plus m'envisager sans horreur; il n'y a plus moyen de me montrer dans le monde. Il faut me cacher au fond d'un cloître; j'aime mieux m'y tenir renfermée le reste de mes jours que d'offrir aux yeux un objet effroyable.

Nous eûmes beau, Damiana et moi, faire tous nos efforts pour lui remettre l'esprit, et pour l'obliger à considérer son visage avec plus d'indulgence (comme en effet, quoique vieille, elle avait des restes de beauté dont une coquette à sa place aurait encore tiré parti), il nous fut impossible de la détourner du dessein de se retirer dans un couvent. Avant que d'exécuter sa résolution, elle me demanda si je la suivrais de bon cœur dans un monastère. Si vous en doutiez, madame, lui répondis-je, vous me feriez une grande injustice. Le couvent, à la vérité, par lui-même ne me plaît guère, mais il deviendra un séjour agréable pour moi lorsque j'y vivrai avec vous. La dame fut si satisfaite de ma réponse, qu'elle m'embrassa, en me disant que mon attachement pour elle faisait toute sa consolation.

Ma maîtresse alla donc s'ensevelir dans un couvent, et nous nous enfermâmes avec elle, Damiana et moi. Nous y aurions pu vivre toutes deux sans ennui, si pendant six mois entiers il ne nous eût pas fallu sans cesse exhorter la dame à soutenir avec plus de courage la décadence de ses attraits. Elle ne voulait point entendre raison là-dessus. Heureusement le ciel s'en mêla. Madame de Saint-Agni rentra peu à peu en elle-même, et triompha insensiblement de sa faiblesse. Quel changement! Cette même femme qui avait été si vaine de sa beauté devint insensible à la perte de ses charmes, et se détacha de la vie.

Cette bonne veuve ne demeura que deux ans dans sa retraite. Elle y tomba malade, et mourut après avoir fait un testament dans lequel ses suivantes ne furent point oubliées. Elle nous légua mille pistoles à chacune pour nous laisser à toutes deux de quoi vivre honnêtement le reste de nos jours, sans être obligées de nous remettre à servir. Nos sentimens, à quelque chose près, se trouvèrent conformes à l'intention de la comtesse, et Damiana me fit une proposition : Je suis lasse, me dit-elle, d'avoir des maîtresses : je veux jouer à mon tour dans le monde le rôle d'une dame. Faites comme moi, ma mignone; ne nous séparons point. Unissons nos fortunes. Allons nous établir dans quelque grande ville d'Espagne : et là, nous donnant pour des personnes de qualité, nous ferons de bonnes connaissances, et vivrons fort gracieusement. Si j'eusse eu plus d'expérience, je me serais révoltée contre une pareille proposition ; j'aurais pénétré les vues de Damiana, et je l'aurais quittée comme une friponne qui avait envie de me perdre. Mais, ne voyant rien que d'innocent dans ce qu'elle me proposait, je liai volontiers mon sort au sien. Nous tînmes conseil sur ce que nous avions à faire, et voici quel en fut le résultat.

Ils mirent l'épée à la main et fondirent impétueusement sur les ravisseurs.

CHAPITRE III.

Dans quelle ville Francisca et Damiana résolurent d'aller s'établir, et des aventures qui leur y arrivent. Enlèvement de dona Francisca; suite de cet enlèvement.

Nous choisîmes Séville pour le lieu de notre résidence, Damiana m'ayant assuré que l'Andalousie était l'endroit le plus agréable de toute l'Espagne. Nous résolûmes de nous y rendre par mer aussitôt que nous aurions touché nos legs.

Effectivement, lorsqu'on nous les eut délivrés, nous allâmes nous embarquer à Carthagène sur un vaisseau de Malaga qui s'en retournait. Nous fûmes un peu incommodées de la mer; mais comme nous eûmes toujours le vent favorable, nous arrivâmes bientôt à Malaga, où nous nous arrêtâmes quelques jours, au bout desquels, nous étant déterminées à achever notre voyage par terre, nous partîmes pour Séville par la voie des muletiers, et nous fûmes assez heureuses pour y arriver sans éprouver le moindre des malheurs que nous avions à craindre.

Nous louâmes d'abord une maison auprès du change, autrement appelé la bourse; nous la fîmes meubler proprement, et nous prîmes à notre service une cuisinière et un laquais, lesquels, ne nous connaissant pas, ne pouvaient apprendre à personne qui nous étions. Ma tante, dis-je à Damiana, car nous étions convenues que je passerais pour sa nièce, il me semble que nous le prenons sur un ton trop haut. Pourrons-nous soutenir toujours la figure que vous voulez que nous fassions? Taisez-vous, ma nièce, me répondit-elle; de quoi vous inquiétez-vous? Laissez-moi le soin de toute la dépense, et vous verrez que nous ne serons jamais à la peine de réformer notre domestique. Nous pourrons bien plutôt l'augmenter dans la suite.

Ma bonne tante, en parlant de cette manière, avait des vues qu'elle se promettait de remplir sans me les communiquer. Elle se flattait que nous ferions d'utiles connaissances dans une ville où abordent les flottes et les galions des Indes occidentales chargées de pistoles d'Espagne, de lames d'or et de barres d'argent; elle comptait que j'enflammerais quelque riche négociant, et que nous ne manquerions pas de nous enrichir de ses dépouilles. C'était sur une si belle espérance qu'elle fondait la durée de notre brillante situation.

Damiana, comme vous voyez, faisait grand fond sur ma gentillesse et sur ma docilité. La suite fit connaître qu'elle n'avait pas tort. Un Mexicain étant un jour dans l'église de Saint-Sauveur, où j'allais tous les matins entendre la messe, fut frappé de la richesse de ma taille, et encore plus de deux grands yeux noirs que je tournais vers lui de temps en temps comme par hasard. Il m'apprit par ses œillades que je l'avais charmé. Quand je ne m'en serais point aperçue, cela ne serait point échappé à ma tante, qui était au guet là-dessus et qui remarquait tout. Nous fîmes donc toutes deux cette observation, et nous jugeâmes que ce galant du Nouveau-Monde chercherait bientôt à s'introduire dans notre maison.

Notre conjecture ne fut pas fausse. Il écrivit à ma tante pour la prier de lui permettre de l'entretenir. Elle lui en accorda la permission. Il vint au logis, et ils eurent ensemble une longue conversation, dans laquelle, après avoir déclaré qu'il m'aimait, il proposa de m'épouser et de m'emmener avec lui au Mexique, où il possédait, disait-il, des biens immenses. Damiana lui répondit qu'elle me parlerait de l'honneur qu'il me voulait faire, et que dans trois jours elle lui rendrait de ma part une réponse positive.

Ma tante m'ayant informée de cet entretien, me demanda si j'étais curieuse de voir le pays de Montésume. Non vraiment, lui répondis-je ; il faudrait, pour consentir à ce voyage, que j'eusse pour mon nouvel amant les yeux que j'avais pour don Grégorio, et c'est de quoi je suis fort éloignée. Je dirai plus, je me sens de l'aversion pour l'Indien sans savoir pourquoi ; je lui trouve un air ténébreux qui me prévient contre lui. N'en parlons donc plus, reprit Damiana ; je n'ai pas plus d'envie d'aller aux Indes. Quand notre Mexicain reviendra chercher la réponse promise, je lui donnerai son congé.

Elle n'y manqua pas. Elle lui fit connaître que nos volontés ne s'accordaient pas avec les siennes, et le pria de ne plus remettre le pied au logis. Il ne parut pas fort mortifié de ce compliment; et l'on eut dit, à l'air dont il se retira, qu'il était peu sensible au refus qu'il venait d'essuyer: mais nous étions dans l'erreur. D'autant plus piqué qu'il semblait moins l'être, au lieu de songer à m'oublier, il ne pensa qu'aux moyens de me posséder malgré moi; et, pour y parvenir, il eut recours à l'expédient de Romulus, c'est-à-dire qu'il résolut de m'enlever. Vous allez entendre quel succès eut son projet.

Un soir, après m'être promenée avec Damiana dans le jardin royal, auprès duquel nous demeurions, j'en sortais pour m'en retourner chez moi, lorsque je me sentis saisir par trois hommes, dont l'intention était de me jeter dans un carrosse. Les cris que nous poussâmes, ma tante et moi, avant qu'ils pussent faire leur coup, furent cause qu'ils le manquèrent. Le hasard voulut qu'il se trouvât là deux jeunes cavaliers, qui, voyant la violence qu'on me faisait, ne balancèrent point à s'y opposer. Ils mirent l'épée à la main, et fondirent impétueusement sur les ravisseurs, qui, désespérant de conserver leur proie, l'abandonnèrent et prirent la fuite.

Mes libérateurs ne firent pas les choses à demi : ils me conduisirent au logis, où nous leur fîmes, Damiana et moi, tous les remercîmens que nous leur devions. Nous les invitâmes même à souper ; ce qu'ils acceptèrent fort volontiers. Pendant le repas, il ne fut question que de l'aventure qui venait de m'arriver. Un des deux cavaliers me demanda si je savais qui pouvait être l'auteur de cet attentat. Je répondis que je soupçonnais un Mexicain de l'avoir formé, pour se venger du refus que je lui avais fait de ma main. Cela suffit, dit l'autre cavalier, avant trois jours nous serons pleinement informés de tout. Je suis fils de don Indico de Mayrenna, corrégidor de cette ville. Il vient tous les matins chez mon père des alguasils ; j'en chargerai un de me rendre compte de cette affaire. Ce n'est point assez, ajouta-t-il, d'avoir fait avorter cette entreprise, il faut punir le téméraire qui l'a conçue. C'est à quoi je m'engage, et vous pouvez vous reposer de ce soin-là sur moi.

Il prononça ces paroles avec la vivacité d'un homme dont le cœur commence à s'enflammer, et son compagnon ne se montra pas moins ardent que lui à servir ma vengeance.

Le cavalier qui était fils du corrégidor se nommait don Joseph, et l'autre don Félix de Mendoce. Ils paraissaient tous deux également vifs et petits-maîtres. Je m'attendais à tout moment à quelque brusque et pétulante déclaration d'amour. Cependant ils se contentèrent ce soir-là de me lorgner; ce qu'ils firent d'un air à me persuader que j'avais pris leurs deux cœurs d'un coup de filet. Ils se retirèrent chez eux en nous assurant de nouveau qu'ils nous feraient avoir raison de la témérité du Mexicain.

Lorsqu'ils furent sortis, je dis à Damiana : Que pensez-vous de ces jeunes seigneurs? je crains qu'ils ne veuillent me faire payer bien cher le service qu'ils m'ont rendu. C'est ce que j'appréhende aussi, me répondit Damiana ; ils sont l'un et l'autre épris de vos charmes, ou je ne m'y connais pas. Ils ne voudront point soupirer pour une ingrate ; cela est embarrassant. Nous pouvons nous tromper, ma bonne, lui répliquai-je, et nous prenons peut-être l'alarme mal à propos.

Le jour suivant nous n'entendîmes point parler de mes libérateurs. Ils furent occupés de la recherche de l'Indien, dont ils étaient bien aises d'avoir des nouvelles à m'apprendre en me revoyant. Mais le surlendemain le fils du corrégidor revint au logis d'un air empressé : Madame, me dit-il, vous êtes vengée. L'audacieux qui a voulu vous enlever est en prison, aussi-bien que les trois malheureux qui ont porté sur vous leurs mains hardies. On va faire leur procès, et vous verrez bientôt avec quel zèle je vous ai servie. Je lui répondis qu'on ne pouvait être plus sensible que je l'étais au plaisir qu'il m'avait fait, et que je souhaitais de trouver une occasion de le lui témoigner. L'occasion est toute trouvée, me répliqua-t-il, répondez aux sentimens que vous m'avez inspirés, et je serai payé avec usure de tout ce que j'ai fait pour vous.

Ce discours ne fut que le commencement d'une infinité d'autres qu'il me tint, en les accompagnant des plus vives démonstrations de tendresse. A peine fut-il hors de chez moi, que don Félix son ami vint prendre sa place, et me dire les mêmes choses. A l'entendre, c'était le plus amoureux de tous les hommes. Il ne voulait vivre, disait-il, que pour consacrer tous ses momens à mon service. Il faut ajouter à cela que don Félix avait le débit plus séduisant que don Joseph, et qu'il était mieux fait et plus aimable; néanmoins il ne fit pas sur moi plus d'impression que lui; tant j'étais devenue difficile à persuader.

Quoique je ne fisse concevoir aucune espérance à ces deux seigneurs, je les recevais au logis gracieusement, l'obligation que je leur avais ne me permettant pas d'en user autrement avec eux. Ces rivaux commencèrent à se disputer mon cœur par des soins empressés, sans que l'amitié qui les unissait en parût altérée; mais insensiblement elle se refroidit, et la jalousie enfin fit naître entre eux une haine qui aboutit à un duel où don Joseph perdit la vie, et don Félix fut dangereusement blessé. Le corrégidor, informé de la cause de ce combat, fit arrêter la tante et la nièce, et, dans les premiers mouvemens de sa colère, les fit enfermer dans la maison des filles pénitentes, comme deux malheureuses aventurières.

Cependant deux jours après, faisant réflexion que tout mon crime était d'avoir plu à deux cavaliers, son équité l'emporta sur son ressentiment; il nous remit en liberté, en nous ordonnant de sortir au plus tôt de Séville. Nous nous en serions consolées, si, lorsque nous fûmes hors de prison, nous eussions retrouvé au logis les effets que nous y avions laissés; mais ils avaient été pillés et emportés par nos deux domestiques; de sorte qu'il ne nous restait pour tout bien que soixante pistoles et mon diamant, avec quoi nous nous laissâmes conduire par un muletier à Cordoue le long du Guadalquivir.

CHAPITRE IV.

Des nouvelles conquêtes que dona Francisca fit à Cordoue ; elle devient infidèle à son premier amant pour suivre un prétendu valet du commandeur, et part pour Grenade.

COMME nous ne pouvions faire à Cordoue qu'une figure très-modeste, étant aussi mal dans nos affaires que nous l'étions, nous nous mîmes en chambre garnie, et nous commençâmes à vivre avec beaucoup de circonspection. Nous sortions le matin pour aller à l'église, et nous passions au logis le reste de la journée, sans chercher à faire des connaissances. Damiana s'imaginait qu'une vie si retirée se ferait remarquer et nous attirerait quelque visite utile. L'événement justifia sa conjecture.

Une vieille femme, nommée la dame Camille, proprement habillée, nous vint voir un jour : Mesdames, nous dit-elle, vous voulez bien qu'une voisine, qui juge à votre air que vous êtes de très-honnêtes gens, vienne vous témoigner l'envie qu'elle a de lier avec vous un petit commerce d'amitié. Nous lui répondîmes poliment qu'elle nous faisait honneur et plaisir. Ensuite nous eûmes une conversation qui roula sur les mœurs de Cordoue. Il n'y a pas de ville au monde, nous dit cette dame, où la galanterie soit plus à la mode. Les hommes y sont galans jusque dans leur vieillesse; avec cela galans et généreux jusqu'à la prodigalité. Là-dessus elle nous raconta maintes histoires de filles étrangères qui y avaient fait fortune; ce que nous écoutâmes avec une attention qui lui fit assez voir que nous trouvions ses récits intéressans. Mais si elle s'aperçut que nous mordions à la grappe, nous remarquâmes de notre côté que la voisine avait toute la mine d'être une intrigante.

Nous n'avions pas tort de porter d'elle ce jugement. C'était une faiseuse de mariages clandestins, et qui surtout savait unir des barbons avec des mineures, et des veuves surannées avec des adolescens; c'était là son fort. Dès la première fois que nous la revîmes, elle offrit ses talens et ses services à ma tante, en lui disant en particulier qu'elle avait en main un parti très-avantageux pour moi. C'est, ajouta-t-elle, le commandeur de Monteréal de la maison de Fonseca. Il n'est pas jeune, à la vérité, mais à cela près il n'y a point de seigneur plus aimable; il n'y en a pas du moins qui sache mieux aimer. D'ailleurs je vous le donne pour un homme magnifique et qui a un revenu considérable; puisque, sans parler de ses autres biens, sa commanderie lui rapporte dix mille écus de rente.

Cette ouverture de cœur ne déplut point à ma tante, qui, ne demandant pas mieux que d'aider à plumer un oiseau d'un si riche plumage, entra sans façon dans les vues de la dame Camille; et ces deux bonnes pièces se chargèrent, l'une de vanter mes charmes au commandeur, et l'autre de me disposer à le regarder d'un œil favorable.

La première fois que je vis ce vieux seigneur, ce fut à l'église, où j'étais avec Damiana, qui, considérant fort attentivement tous les cavaliers qui nous environnaient, en démêla un qu'elle jugea devoir être le commandeur. Elle me le fit remarquer, et je crus comme elle que c'était lui au soin qu'il prenait de me lancer de tendres œillades, dont je ne perdais pas une, quoique j'affectasse de les éviter toutes. J'examinai à la dérobée ce galant, qui, s'étant adonisé, me parut jeune encore, bien qu'il eût plus de soixante ans.

Que vous semble de notre commandeur? me dit ma tante quand nous fûmes retournées au logis. Pour moi, je ne le trouve pas trop vieux pour mériter les regards d'une dame. Outre qu'il est bien fait encore, il a un air de propreté qui doit tenir lieu de jeunesse. Qu'en dites-vous, belle Francisca? Ne vous paraît-il pas digne de quelque complaisance? Oui, vraiment, lui répondis-je; il me semble encore de mise; mais nous ne savons pas si l'homme dont nous parlons est le commandeur de Monteréal. C'est ce que nous apprendrons bientôt, répliqua ma tante. Notre vieille voisine viendra nous voir aujourd'hui; elle nous dira si nous avons pris le change.

Véritablement, dès le même jour la dame Camille vint au logis. Elle nous dit que le commandeur en question avait été à l'église, qu'il m'y avait vue; et nous reconnûmes au portrait qu'elle nous fit de lui que nous ne nous étions point trompées. Ce seigneur, ajouta-t-elle, est déjà fort épris de dona Francisca. Qu'elle a l'air noble! m'a-t-il dit; que son air est majestueux! si la beauté de son visage répond à cela, voilà une personne que j'aimerai toute ma vie. Là-dessus il m'a fait les plus vives instances pour lui procurer le plaisir d'avoir avec elle un moment d'entretien. Je le lui ai promis, et je dois ce soir vous l'amener ici.

A ces derniers mots, Damiana, s'imaginant être déjà en possession des revenus de la commanderie de Monteréal, ne put s'empêcher de laisser éclater sa joie; et, pour ne vous rien céler, je la partageai avec elle : ce qui m'était d'autant plus pardonnable que nous commencions à tomber dans la misère; ou, pour mieux dire, étant sans cesse exhortée par ma fausse tante à mettre mes appas à profit, il m'était impossible de ne pas devenir coquette.

Je me préparai donc à recevoir la visite du commandeur. Je passai quelques heures à ma toilette, à consulter mon miroir, et encore plus Damiana, qui prétendait, ayant autrefois été galante, avoir découvert des airs de visage victorieux. Mais je puis vous assurer que je prenais des soins bien inutiles, puisque, pour faire la conquête que je méditais, ou plutôt pour la conserver, je n'avais besoin que de me montrer telle que j'étais naturellement. Ma jeunesse suffisait pour enflammer un homme du caractère de ce vieux seigneur. D'abord qu'il me vit sans voile, il crut voir le ciel entr'ouvert. Il fit paraître une extrême surprise; on eût dit qu'il n'avait jamais rien vu de si beau. Ah! Camille, s'écria-t-il comme par enthousiasme en s'adressant à sa conductrice, vous ne m'avez point surfait! Que dis-je? Vous m'avez rabaissé les attraits de la divine Francisca, bien loin de me les avoir exagérés. Qu'elle est aimable! Quel bonheur peut égaler celui de la posséder?

Comme j'avais déjà les oreilles rebattues de discours flatteurs, j'écoutai de sang-froid monsieur le commandeur, qui, jugeant bien qu'il en fallait tenir de plus intéressans pour arriver à son but, poursuivit dans ces termes en apostrophant Damiana : Madame, j'implore votre protection. Employez de grâce tout le pouvoir que vous avez sur votre nièce pour l'engager à souffrir mes soins. Je veux m'attacher à elle, et changer la face de sa fortune, qui ne me paraît pas convenable à son mérite.

Il s'arrêta dans cet endroit pour attendre ma réponse; mais je laissai ma tante répondre pour moi. Je ne me contentai pas même de garder le silence; j'affectai de me montrer honteuse et troublée, ce qui ne fit pas un mauvais effet. Damiana porta donc la parole, et s'en acquitta en femme d'esprit. Si elle remercia le commandeur des bons sentimens qu'il témoignait avoir pour moi, elle lui fit connaître en même temps que je les méritais. Elle lui vanta mon éducation, mes talens, et lui fit un si beau roman de la conduite que j'avais toujours tenue, que ce vieux seigneur me regarda comme la meilleure connaissance qu'il pût jamais faire.

Pour la commencer sous un heureux

auspice, il nous fit quitter notre chambre garnie pour aller occuper un appartement qu'il fit louer et bien meubler dans un hôtel. Il nous donna des domestiques de sa main, et se chargea du soin de faire la dépense. Outre cela, il nous accabla de présens; de manière que nous nous vîmes bientôt sur un bon pied. Vous vous imaginez bien que je ne payai pas d'ingratitude un procédé si galant et si généreux; mais vous ne devineriez jamais quelle fut ma reconnaissance.

Dès le premier entretien particulier que j'eus avec ce seigneur, je sus à quoi m'en tenir avec lui. Charmante Francisca, me dit-il, je n'ignore pas que ce serait une folie à un homme de mon âge de prétendre vous inspirer de l'amour. Je me fais justice; je n'attends de vous que de l'estime et de l'amitié. Cependant, vous le dirai-je? telle est la passion que j'ai pour vous, que je mourrais de jalousie si je me voyais un rival aimé.

Je vous découvre le fond de mon cœur, ajouta-t-il, et le vôtre peut-être va se révolter contre le sacrifice que j'ai à vous demander, et qui pourra vous paraître une tyrannie.

Quel est donc ce sacrifice? lui dis-je. Il faudra qu'il soit impossible, si je ne vous l'accorde pas. De quoi s'agit-il? parlez hardiment. Il s'agit, répondit le vieux commandeur, de borner vos conquêtes à la mienne, et, pour vous accommoder à ma délicatesse, de n'écouter aucun amant que moi. Vous sentez-vous capable d'une si grande complaisance pour un homme qui n'a que de tendres sentimens pour la mériter?

J'affectai de rire à ce discours, quoique dans le fond ce que ce vieux seigneur exigeait de moi ne fût pas de mon goût; ensuite faisant la réservée : Comment donc! m'écriai-je, monsieur le commandeur, est-ce là cet effort pénible que vous attendez de ma reconnaissance pour prix des bontés que vous avez pour moi? Ah! comptez que j'aurais peu de peine à vous sacrifier tous les hommes ensemble, tant ils me sont indifférens. Mon vieux seigneur pensa mourir de plaisir en entendant prononcer ces paroles. Il me baisa les mains avec transport, en me disant que j'étais née pour faire le bonheur de sa vie.

Je lui promis donc de n'écouter personne que lui; et je fis cette promesse de bonne foi. Je résolus de lui tenir parole autant que cela me serait possible; et, pour preuve de ce que je dis, c'est que depuis notre conversation je m'attachai à ne lui donner aucun ombrage. Etais-je à l'église, au lieu de promener ma vue comme auparavant sur les cavaliers qui étaient autour de moi, j'apportais une attention toute particulière à me couvrir le visage, de façon que je mettais leurs yeux en défaut. Si le patron de la case, ce qui arrivait quelquefois, amenait au logis quelques-uns de ses amis pour souper, bien loin de les agacer par des œillades coquettes, je détournais d'eux mes regards avec un soin dont le commandeur ne me savait pas peu de gré. J'étais sûre de recevoir de lui le lendemain quelque beau présent.

Je faisais donc à peu de frais la félicité de mon vieil amant, qui de son côté n'épargnait rien pour rendre la mienne parfaite, lorsque l'amour vint troubler notre innocente union. Le commandeur s'avisa de prendre à son service un jeune et grand garçon nommé Pompeïo, dont il fit bientôt son laquais favori. Ce jeune homme était bien fait, et il avait tout l'air d'un enfant de famille. Son esprit répondait à sa bonne mine, et il parlait avec une élégance qui marquait qu'il avait été bien élevé. Il venait tous les matins m'apporter un billet de la part de son maître, et je m'amusais le plus souvent à m'entretenir avec lui. Je ne m'aperçus point d'abord qu'il prenait plaisir à ma conversation, quoiqu'il ne tînt qu'à moi de le remarquer; car monsieur Pompeïo, en me parlant, me regardait d'un air si tendre, que si je n'y prenais pas garde, ce n'était nullement sa faute. A la fin pourtant j'ouvris les yeux, et je vis mon ouvrage.

Dans cet endroit j'interrompis dona Francisca : Juste ciel ! m'écriai-je, ma sœur, que m'allez-vous dire ! Serait-il possible que ce laquais se fût attiré votre attention? J'en devins folle, me répondit-elle, mais folle à lier. Cependant, mon frère, continua-t-elle, suspendez les reproches que cet aveu semble vous mettre en droit de me faire. Ecoutez-moi jusqu'au bout.

Sitôt que j'eus démêlé mes sentimens, j'en rougis de confusion. J'eus honte d'avoir pour vainqueur un domestique, quoique j'eusse entendu dire que des femmes de meilleure maison que la mienne ne dédaignaient pas quelquefois de brûler d'une pareille ardeur. J'appelai ma fierté à mon secours, et voulant étouffer un indigne amour dans sa naissance, je n'eus plus d'entretiens avec Pompeïo. Je recevais froidement de ses mains les lettres qu'il m'apportait; je ne lui disais pas une parole. Je m'interdisais jusqu'au plaisir de l'envisager.

Le pauvre garçon fut bien mortifié de ce changement, dont il ne pénétra pas la cause. Il crut que j'avais lu sa témérité dans ses regards, que j'en étais indignée, et que, pour le punir, j'avais cessé de lui parler. Il en eut tant de chagrin, qu'il excita ma pitié. Je recommençai à lier avec lui conversation. Je fis plus, je l'engageai à me découvrir le fond de son âme, ou du moins je me l'imaginai : Pompeïo, lui dis-je un jour, m'aimez-vous? Cette question, à laquelle il ne s'était point attendu, le déconcerta. Pour lui donner le temps de se remettre, je poursuivis ainsi mon discours : Si vous m'aimez, vous me ferez une confidence dont je vous promets de ne point abuser. Je vous soupçonne de n'être rien moins que ce que vous paraissez. Vos manières vous trahissent. Convenez que vous êtes un homme de condition, et que vous méditez quelque dessein que vous ne pouvez exécuter qu'en prenant la forme d'un laquais.

Pompeïo fut si troublé de ces paroles, qu'il demeura quelques momens sans parler. Votre trouble et votre silence, lui dis-je, m'apprennent que je vous ai pénétré. Révélez-moi tout, et je vous garderai le secret. Madame, répondit Pompeïo, après s'être un peu remis de son désordre, si vous voulez absolument que je satisfasse votre désir curieux, je vous obéirai; mais je vous avertis que je ne l'aurai pas plus tôt contenté, que vous m'en saurez mauvais gré. N'importe, lui répliquai-je avec précipitation, parlez, vous ne faites qu'irriter ma curiosité.

Alors le laquais du commandeur, mettant un genou à terre devant moi, comme un héros de théâtre devant sa princesse, me dit d'un ton de déclamateur : Hé bien ! madame, hé bien ! je vais donc me découvrir, puisque vous me l'ordonnez. Je ne suis point, il est vrai, un malheureux réduit par la fortune à la servitude ; je suis un homme de qualité travesti. Je m'appelle don Pompeïo de la Cueva. Je passais par cette ville où je suis inconnu. Le hasard vous a présentée à ma vue, et vous m'avez charmé. J'ai su que le commandeur vous aimait ; et, ne pouvant m'imaginer qu'il fût aimé de vous, je formai le dessein de vous plaire, plus encouragé par son âge que par ma vanité. J'ai eu l'adresse de me faire recevoir à son service, et par ce stratagème je me suis introduit chez vous.

Oui, c'est l'amour, adorable Francisca, poursuivit-il d'un ton de voix plein de douceur, c'est l'amour qui m'a inspiré cet artifice pour vous faire connaître mes feux. Si vous les voyez sans colère, rien ne sera comparable à mon bonheur ; mais si, trop fidèle à mon rival, vous ne voulez écouter que lui, quelle que soit l'ardeur dont je me sens brûler pour vous, je vais pour jamais m'éloigner de Cordoue.

Si mon cœur n'eût point été prévenu pour ce jeune cavalier, j'aurais été en garde contre ses paroles et contre l'air de persuasion dont il les assaisonna. Je me serais souvenue que don Grégorio de Clévillente m'avait parlé sur le même ton; au lieu qu'étant enchantée de don Pompeïo de la Cueva, je ne doutai pas un instant de sa sincérité. Je poussai les choses plus loin, j'ajoutai à la faiblesse de le croire celle de lui avouer que j'étais sensible à son amour.

La joie qu'il fit éclater lorsqu'il apprit sa victoire fut excessive, et je n'en eus pas moins à le voir si satisfait. C'est ainsi que je gardai le serment que j'avais fait à mon commandeur de ne lui donner aucun rival. Mais le moyen de tenir ces sortes de paroles à un vieux seigneur? C'est tout ce qu'on peut faire aux galans les plus jeunes et les plus accomplis. Je dirai pourtant à ma louange que je ne lui devins pas infidèle sans remords. Je le plaignis; et ce qu'une friponne à ma place n'eût point fait, je résolus de le quitter, me faisant un scrupule de continuer à recevoir ses présens et d'avoir deux amans à la fois.

Pour ma tante, elle n'était pas si scrupuleuse; et, trouvant la pratique du commandeur plus lucrative que celle de son laquais, elle me conseillait de donner la préférence au premier, ou du moins de les ménager tous deux, l'un pour l'utile, et l'autre pour l'agréable; ce qui n'aurait pas été sans exemple. Mais j'aimai mieux suivre les conseils de l'amour que les siens, et m'en aller avec don Pompeïo, qui me pressait de céder à l'envie qu'il avait de me conduire à Grenade, où nous attendait, disait-il, un sort plein de charmes. Je laissai donc là mon vieux soupirant, aussi-bien que ma fausse tante, à laquelle j'abandonnai tous nos effets pour la consoler de notre séparation, et la faire rouler jusqu'à ce qu'elle eût une autre nièce; et, n'emportant avec moi, pour ainsi dire, que ma jeunesse et mes appas, je sortis un matin de Cordoue à la dérobée avec mon nouvel amant, et nous nous rendîmes tous deux à Grenade le lendemain.

CHAPITRE V.

Quel homme c'était que don Pompeïo. De l'aveu sincère et de la proposition qu'il fit à dona Francisca lorsqu'il l'eut épousée. Elle se console aisément de la supercherie de son mari. Elle consent à ce qu'il lui propose.

Je n'eus pas besoin de presser don Pompeïo de m'épouser; il en avait une si grande impatience, qu'il ne s'occupa en arrivant à Grenade que des démarches qu'il fallait faire pour y parvenir. Nous nous mariâmes enfin; et le lendemain de nos noces nous eûmes ensemble un plaisant entretien.

Ma chère Francisca, me dit-il en m'embrassant avec tendresse, nous voici donc liés tous deux par les doux nœuds de l'hyménée. C'est à présent, ma mignonne, que nous devons nous parler à cœur ouvert. Il n'est permis qu'aux amans de mentir; il faut que les maris soient sincères. Je vais changer de style, et ne vous rien céler.

Quand je vous dis à Cordoue que j'étais un laquais supposé, et que l'amour m'avait inspiré cette ruse pour m'introduire auprès de vous, je vous dis la vérité; mais lorsque j'empruntai le nom de don Pompeïo de la Cueva, je vous avouerai que je vous trompais, et que je me parais de ce beau nom pour rendre ma témérité plus excusable. Cependant, ajouta-t-il, si je ne suis pas d'un sang noble, je ne sors pas non plus de la lie du peuple. Je m'appelle Bartolome de Mortero; et je dois le jour à un vénérable apothicaire de la célèbre ville de Saragosse. Ce n'est donc, ma princesse, qu'une petite supercherie que je vous ai faite, et que la fille d'un juge de village doit me pardonner.

Je vous la pardonne volontiers, lui dis-je en souriant; le hasard n'assortit pas toujours si bien les époux; mais apprenez-moi si vous exercez la pharmacie? Je m'en suis mêlé d'abord, me répondit-il, j'ai fait des décoctions, et cela m'a dégoûté du métier. J'ai senti que j'étais né pour des choses plus élevées. Je me suis fait prince. Tantôt je suis un héros maure, et tantôt un prince chrétien. Vous devez voir par là que je fais la comédie. Je joue les premiers rôles; c'est mon emploi.

Je doute fort, lui répliquai-je, que le revenu de vos principautés soit bien considérable. Il est vrai, repartit-il, qu'il est un peu mince, à moins que nos pièces nouvelles, bonnes ou mauvaises, ne jettent de la poudre aux yeux du public, et ne l'attirent en foule pendant deux mois, ce qui, je l'avoue, est fort casuel. Pour nos princesses, continua-t-il, elles sont beaucoup plus heureuses que nous. Que le théâtre leur rapporte ou non, elles vivent toujours dans l'aise et dans l'abondance : il faut être témoin de leur bonheur pour le croire. Elles sont adorées des seigneurs dans toutes les villes par où nous passons. Par exemple, les actrices de la troupe qui est actuellement dans cette capitale de la province de Grenade sont toutes parfaitement bien établies, depuis la plus belle jusqu'à la plus laide. On dirait que les filles de théâtre ont un talisman pour plaire aux hommes distingués par leur naissance ou par leurs richesses.

Après que mon mari m'eut ainsi vanté le bonheur des comédiennes de Grenade, il me proposa d'en augmenter le nombre, en me disant : Francisca, croyez-moi, embrassez ma profession. Jeune et belle comme vous l'êtes, vous n'y aurez que de l'agrément. Vous vous moquez de moi, lui répondis-je ; il faut avoir du talent pour le théâtre, et je n'en ai point. Vous en avez de reste, me dit-il. Je me souviens de vous avoir quelquefois entendue chanter des romances devant le commandeur ; je n'étais pas moins enchanté que lui de la douceur et de la force de votre voix. Il n'y a pas de serin de Canarie qui ait un plus joli gosier que le vôtre.

Se peut-il, m'écriai-je en riant, que mon chant vous ait fait tant d'impression ! Que diriez-vous donc si vous m'aviez vue danser? Je suis persuadée que vous seriez encore plus satisfait de mes pas que de ma voix. Cela n'est pas possible, me dit-il avec surprise ! Ah ! ma reine, de grâce, ayez la complaisance de faire devant moi quelques pas, que je voie de quelle façon vous vous en acquittez. Je dansai aussitôt une sarabande pour le contenter, ce que je fis d'une manière qui l'enleva. Ma chère épouse, s'écria-t-il dans l'excès de son ravissement, quel trésor pour moi d'avoir une femme qui possède deux talens qu'on peut appeler aujourd'hui deux mines d'or et de pierreries ! Hâtons-nous de les faire valoir. Dès demain je veux assembler les comédiens, et vous présenter à leur compagnie comme un sujet capable de l'enrichir.

De mon côté, ajouta-t-il, je n'ai qu'à me montrer à ces messieurs pour être reçu parmi eux. Ils connaissent de réputation Bartholome de Mortero, ils seront bien aises de m'avoir. Quand je passai par Cordoue, où votre beauté m'arrêta, je revenais de Séville, où j'ai brillé trois ans; et j'y brillerais encore, si je n'eusse pas été obligé de disparaître brusquement, sur l'avis qu'on me donna que mes créanciers s'impatientaient.

Enfin mon époux me fit envisager tant d'avantages, tant de douceurs, tant de plaisirs dans la vie comique; il me fit tant d'instances pour prendre le parti du théâtre, qu'il vint à bout de m'y déterminer.

CHAPITRE VI.

Dona Francisca entre dans la troupe des comédiens de Grenade. Comment elle fut reçue du public, et du grand nombre de seigneurs que ses talens et ses appas attachèrent à son char. Son mari lui procure le comte de Cantillana pour amant. Elle le reçoit, par obéissance pour son mari.

QUOIQUE mon mari m'eût inspiré quelque confiance par les louanges excessives qu'il m'avait données, cependant je ne me présentai le lendemain qu'en tremblant à l'hôtel des comédiens, où toute la troupe, curieuse de me voir, ne manqua pas de s'assembler. Les femmes, parmi lesquelles il y en avait d'assez jolies, me considérèrent avec une attention critique, et me trouvèrent plus de défauts que je n'en avais; et je parus aux hommes plus aimable que je ne l'étais effectivement.

Nous nous fîmes de part et d'autre mille politesses, et les embrassemens furent prodigués comme si nous eussions tous été les meilleurs amis du monde. Après cela il fut question de savoir quel emploi je remplirais. Messieurs, dit alors mon mari, ma femme chante et danse à ravir. Je crois qu'avec ces deux talens elle ne sera pas la moins utile de ses camarades. A l'égard de la déclamation, c'est une actrice à faire; mais, outre la disposition que je lui connais à devenir une bonne amoureuse, elle aura pour maître Bartolome de Mortero, qui vous répond d'en faire en six mois une excellente comédienne.

Ils convinrent tous que, si j'étais telle que Bartolome l'assurait, je leur serais d'un grand secours, puisqu'ils avaient une infinité de pièces d'agrément qu'ils ne pouvaient représenter faute d'avoir une chanteuse et une danseuse. Là-dessus, ils me firent chanter, et, lorsque j'eus fini, ils me donnèrent comme à l'envi des applaudissemens.

Ce n'est rien que cela, messieurs, s'écria mon époux, ravi d'entendre louer ma voix; vous allez voir que ma femme sait encore mieux charmer les yeux que les oreilles.

En effet, lorsque j'eus dansé, la compagnie m'honora d'un battement de mains général et me fit des complimens outrés. Voilà, disait l'un, comme on doit danser. Voilà, s'écriait l'autre, ce qu'on appelle des pas. Quelle noblesse ! quel naturel ! Ah ! bourreau, dit tout bas un comédien à mon mari en lui donnant un petit coup sur l'épaule, où as-tu été pêcher une pareille femme ? Que de pluies de pistoles il va tomber dans ton ménage ! En un mot, chacun témoigna que j'étais une bonne acquisition pour la troupe, et j'y fus reçue d'un consentement unanime, aussi-bien que Bartolome, qui sans contredit était un fort bon acteur.

Nous ne songeâmes plus l'un et l'autre qu'à nous préparer à paraître sur la scène, ce qui ne laissait pas d'être embarrassant pour nous, qui nous trouvions sans équipage, sans habits, sans linge ; nous étions même si mal en espèces, qu'à peine avions-nous de quoi payer la chambre garnie où nous étions logés. Nous aurions donc eu bien de la peine à nous mettre en état de débuter, si je n'eusse pas eu le diamant de don Grégorio ; mais par bonheur je l'avais encore. Nous le vendîmes, et nous en donnâmes l'argent à compte à des ouvriers, qui nous firent à chacun un habit de théâtre aussi riche que galant.

Le jour de notre début étant enfin venu, les comédiens, toujours prêts à saisir l'occasion de prendre le double, ne laissèrent point échapper celle-là. Ils nous annoncèrent avec éloge au public dans une affiche, qui portait que deux incomparables sujets nouvellement arrivés à Grenade paraîtraient dans *le Phénix de l'Allemagne*, pièce de don Juan de Matos Fragoso, remise au théâtre. Le public, qui partout est avide de nouveautés, vint en foule à l'hôtel, et fut fort content de mon mari, qui joua le rôle de Ricardo. Pour moi, qui faisais le personnage d'une musicienne au premier acte, je n'eus pas sitôt fait entendre ma voix, que la salle retentit du bruit des applaudissemens de toute l'assemblée. Je fus encore mieux reçue au troisième acte, que je finissais par une danse. Quels battemens de mains! quelle fureur! je ne puis vous dire jusqu'à quel point je plus aux spectateurs, qui demeurèrent une heure entière après le spectacle à s'entretenir de mon mérite. Les uns disaient que je chantais mieux que je ne dansais ; les autres mettaient mes pas au-dessus de ma voix ; et ce qu'ils admiraient tous, c'était de me voir réunir deux talens qui se trouvent si rarement ensemble. Il y en eut aussi qui furent frappés de ma jeunesse et de ma figure, et parmi ceux-ci quelques-uns qui formèrent le dessein de s'attacher à moi.

A la seconde représentation que nous donnâmes de la même comédie, il y eut encore un fort grand monde ; et comme j'avais plus de confiance, je chantai et dansai mieux que la première fois. On ne parla plus dans la ville que de la nouvelle actrice. Avez-vous vu ce prodige ? se disait-on les uns aux autres. Les seigneurs grenadins commencèrent à rechercher mes bonnes grâces par des présens. Je recevais tous les matins à ma toilette quelques bijoux qu'on m'envoyait sans m'apprendre de quelle part. Tantôt c'était une montre d'or, et tantôt un collier de perles avec des boucles d'oreilles ; une autre fois c'était une pièce d'étoffe riche, ou bien une corbeille remplie de gants, de dentelles, de bas de soie et de rubans.

Les seigneurs qui me faisaient ces petites galanteries sans se découvrir se déclarèrent bientôt, et se mirent à mes trousses. Ce fut alors à qui l'emporterait sur les autres. Celui-ci me guettait pour me parler dans les coulisses en passant et me dire quelque chose de flatteur; celui-là m'écrivait tous les jours des billets doux, et voulait filer avec moi le parfait amour, croyant sottement par là parvenir à ses fins; un autre enfin, s'y prenant mieux, engageait une vieille comédienne de ses amies à m'inviter à souper chez elle, où il ne manquait pas de se trouver. Mais tous ces galans ne retiraient pas leurs frais. Outre que je devenais plus vaine à mesure que je me voyais plus applaudie du public, mon époux, à qui je ne célais rien, m'exhortait sans cesse à n'écouter qu'un millionnaire ou qu'un grand seigneur.

Il semblait qu'il pressentît la bonne fortune qui m'attendait. Le comte de Cantillana vint à Grenade. A peine y fut-il arrivé, qu'il voulut voir la comédie, sur le bien qu'on lui dit de la troupe, et de moi en particulier. Je paraissais ce soir-là dans la pièce. J'y chantais, mais je n'y dansais pas. Cependant je n'eus besoin que de ma voix pour faire la conquête de ce seigneur; c'est ce que Bartolome m'apprit deux jours après. Vous avez, me dit-il, mis dans vos chaînes le comte de Cantillana; vous ne pouviez faire un amant d'une plus grande utilité pour vous. Il joint à cent mille écus de rente une façon noble de les dépenser. Il est si généreux, qu'il commence, à ce qu'on m'a dit, par enrichir une maîtresse avant que de lui parler : au reste, c'est un seigneur de quarante ans tout au plus, et fort agréable de sa personne.

Comment savez-vous, dis-je à mon mari, que le comte de Cantillana est devenu amoureux de moi? Vous le croyez peut-être parce que vous le souhaitez. Non, non, me répondit-il; je le sais de sa propre bouche; et je vous apprends qu'on meuble actuellement par son ordre une belle maison qu'il a fait louer pour vous à deux cents pas de notre hôtel. Je ne fis que rire de ces paroles, ne pouvant m'imaginer qu'elles lui fussent échappées sérieusement. Cependant il ne badinait point.

Je vous dirai de plus, continua-t-il, que nous aurons un cuisinier, un aide de cuisine et un marmiton, qui seront aux gages de ce seigneur, et qui, sans que nous soyons obligés de nous embarrasser du moindre soin, feront toute la dépense du logis et nous entretiendront une table à six couverts. *Item*, il ne prétend pas vous gêner; il ne mettra point auprès de vous de duègne pour veiller sur vos actions et vous observer; il sait trop bien aimer pour marquer une défiance qui ne laisse pas d'être odieuse, quoiqu'on n'ait aucune envie de la tromper. Il se reposera de votre fidélité sur les attentions qu'il aura pour vous.

Item, sans préjudice des présens que vous recevrez de lui tous les jours, vous aurez un bon carrosse, dont les chevaux seront nourris dans ses écuries, et dans lequel vous irez superbement au théâtre, au grand mal de cœur de celles de vos camarades qui ne peuvent s'y rendre qu'à pied ou qu'en carrosse de louage.

A vous entendre, dis-je à Bartolome, on

croirait que vous ne seriez pas fâché que j'eusse sur mon compte le seigneur dont vous parlez. On aurait raison de le croire, me répondit-il; et dans le fond j'aimerais mieux que vous eussiez un si riche et si noble amant que de vous voir sottement entêtée d'un comédien ou d'un auteur. Je le répète encore, oui, j'en serais ravi. Si je pensais autrement, je serais sifflé de tous les maris de notre compagnie.

Je pris là-dessus mon sérieux, comme si ma vertu se fût fortifiée à la comédie, et je fis des reproches à mon époux sur ce qu'il voulait m'engager lui-même dans un commerce galant. Mais il se moqua de mes scrupules, et me dit, pour les lever, qu'une comédienne qui n'avait qu'un amant à la fois était au même degré de sagesse qu'une autre femme qui n'en avait aucun. Sur ce pied-là, dis-je à Bartolome en riant, je choisis donc pour le mien le comte de Cantillana que vous me proposez de si bon cœur, et je ratifie par mon consentement le traité d'alliance que vous avez fait avec lui.

Quoique je parusse ne pas prononcer ces paroles sérieusement, mon époux ne laissa pas de les prendre au pied de la lettre. Il assura le comte que j'étais dans la disposition qu'il désirait ; ce qui plut si fort à ce seigneur, qu'il m'envoya pour dix mille écus de pierreries, en me demandant la permission de me venir voir dans ma chambre garnie, en attendant que j'allasse demeurer dans ma nouvelle maison. Je reçus donc sa visite, ne pouvant honnêtement m'en dispenser après avoir accepté ses pierreries. Un matin, lorsque j'étais à ma toilette, il arriva conduit par Bartolome, qui, pour mieux nous laisser en liberté de nous entretenir, s'éclipsa un moment après en mari qui savait les règles.

Madame, me dit le comte de Cantillana, je ne vous ferai point d'excuse de venir indiscrètement vous présenter mes hommages à votre toilette. Je sais bien que ce serait mal prendre mon temps avec la plupart de vos camarades; mais, pour vous, belle Francisca, il n'y a pas de moment où vous soyez plus redoutable que dans celui-ci. Après un compliment si flatteur, il se répandit en discours qui ne l'étaient pas moins. Je lui trouvai toute la politesse du commandeur de Monteréal, avec quelque chose de plus, je veux dire une figure si gracieuse, que je me serais applaudie de m'être fait aimer d'un pareil seigneur, quand il n'aurait pas eu toutes les richesses qu'il possédait.

Après un entretien assez long et très-vif, il se retira fort content de sa visite, à ce qu'il me parut; ce qui me fut confirmé par Bartolome, qui, m'ayant rejointe aussitôt que ce seigneur m'eut quittée, me dit : Le comte sort enchanté de votre esprit et de vos manières. Il vient de me le dire, et je gagerais bien que de votre côté vous n'êtes pas mal affectée de lui. J'en suis très-satisfaite, lui répondis-je. Voilà de ces seigneurs avec lesquels une femme fait agréablement sa fortune. Il est vrai, reprit mon mari, qu'il y en a d'autres qui sont si plats et si désagréables, que leurs maîtresses peuvent dire avec raison qu'elles gagnent bien leur argent.

CHAPITRE. VII.

Des nouveaux présens que le comte de Cantillana fait à dona Francisca; des attentions qu'il eut pour elle : un autre de ses amans lui envoie pour présent des diamans de prix; elle les refuse. Son amant favori, en reconnaissance de ce refus, lui fait la donation d'un château magnifique. De quelle manière finit un aussi tendre engagement.

Nous allâmes habiter notre nouvelle maison sitôt qu'elle fut en état de nous recevoir. Quand elle aurait été meublée pour une princesse, je ne crois pas qu'elle eût pu l'être plus magnifiquement. La richesse et le bon goût y régnaient également partout. Il y avait deux appartemens séparés, l'un pour mon époux, et l'autre pour moi, le comte l'ayant ainsi voulu par délicatesse. Le mien éblouissait par l'or et l'argent qu'on y voyait briller de toutes parts; et celui de Bartolome, quoique bien plus modeste, aurait fait honneur à un chevalier de Saint-Jacques.

Nous visitâmes la maison depuis le haut jusqu'en bas, et nous n'aperçûmes pas sans plaisir, dans une cuisine garnie de tous les ustensiles nécessaires, trois personnes occupées à préparer notre souper, c'est-à-dire, un cuisinier, un aide de cuisine et un fouille au pot. Je m'imaginais, en considérant la quantité des mets qu'ils apprêtaient, que nous serions une douzaine de personnes à table; je croyais du moins que le comte, qui, pour nous installer dans notre nouvelle demeure, devait venir souper avec nous, amènerait quelques-uns de ses amis. Cependant il arriva tout seul, et j'eus avec lui une seconde conversation dans laquelle je resserrai ses chaînes en exerçant sur lui tous les charmes de ma voix, je veux dire en chantant les morceaux les plus tendres de nos pièces, desquels je lui faisais l'application en le regardant d'un air de langueur qui pénétrait jusqu'au fond de son âme.

Si ce seigneur prit plaisir à cet entretien, il n'en eut pas moins pendant le souper.

Je lui fis cent minauderies pour irriter son ardeur, et je m'en acquittai avec tant de succès, qu'il m'envoya le lendemain pour mille pistoles de vaisselle d'argent. Trois jours après on m'apporta de sa part deux habits de théâtre superbes. Que vous dirai-je? cela ne finissait point; c'était tous les jours quelque nouveau présent.

Tous ces dons, joints aux émolumens que nous tirions mon époux et moi de la comédie, qui, grâce à notre début, était alors fort fréquentée, nous mirent si bien dans nos affaires, que nous commençâmes à faire une figure plus brillante. Nous prîmes à notre service deux laquais et une femme de chambre, et je n'allai plus au théâtre que dans un beau carrosse dont j'étais maîtresse, et que je n'entretenais point.

D'abord que ce changement de décoration fut remarqué, il égaya les railleurs de la troupe, et fit bien des envieuses; mais on cessa bientôt d'en parler, et l'on s'y accoutuma. Pour moi, qui ne voyais là-dedans que du gracieux, j'imitais celles de mes camarades qui se trouvaient dans le même cas; bien loin d'en avoir la moindre confusion, je bravais les caquets et les regards malins du public; et dans le fond, s'il y avait du ridicule dans nos équipages, ce n'était pas sur nous qu'il tombait.

Je ne voyais plus qu'au théâtre les autres comédiennes, à l'exception de Manuela, qui faisait comme moi rouler un carrosse de seigneur. Elle avait pour amant don Garcie de Padul, gentilhomme grenadin, qui jouissait d'un revenu considérable qu'il mangeait noblement avec elle. Cette fille rechercha mon amitié, et la gagna en me donnant la sienne. Nous nous liâmes si étroitement l'une à l'autre, qu'à peine étions-nous séparées, que nous brûlions d'impatience de nous revoir. Je ne sais si nous n'étions pas plus aises d'être ensemble qu'avec nos amans. Une si forte liaison fut cause que don Garcie et le comte cherchèrent à se connaître; et quand leur connaissance fut faite, nous formâmes tous quatre une société dans laquelle on vit régner la gaîté, les plaisirs et la bonne chère. Nous soupions tous les soirs chez mon amie ou chez moi. Nous ne respirions que la joie, et nous vivions tous si familièrement, qu'on n'eût pu dire si c'étaient ces seigneurs qui descendaient jusqu'à nous, ou si c'étaient nous qui nous élevions jusqu'à eux.

Tandis que nous menions une vie si agréable, je faisais ailleurs des malheureux : j'appelle ainsi quelques jeunes gens qui venaient tous les jours au théâtre pour me voir, et qui brûlaient d'un feu caché, ou, s'ils me le faisaient voir, n'en tiraient aucun fruit. Parmi ceux-là il y en avait un qui se faisait distinguer par sa naissance, et plus encore par son mérite personnel. C'était don Guttière d'Albunuelas, fils aîné du gouverneur de Grenade, et le plus beau cavalier de son temps. Il revenait d'achever ses études à Salamanque. Il n'avait plus de précepteur ni de gouverneur, et il commençait à goûter le plaisir d'être maître de ses actions.

Ce jeune seigneur ne manquait pas une comédie où je devais paraître. Comme un amant regarde autrement qu'un autre, il me fit remarquer sa passion dans ses yeux. Il se contenta long-temps de me lorgner et de m'applaudir sur la scène, soit par timidité, soit qu'il désespérât de supplanter un rival aussi redoutable que le comte de Cantillana. Il se lassa toutefois de garder le silence, et ne pouvant se résoudre à parler, il prit le parti de me détailler ses souffrances dans une lettre qu'il eut l'adresse de me faire tenir secrètement, et à laquelle vous jugez bien que je ne fis aucune réponse. J'affectai même, pour lui ôter toute espérance, de détourner de lui mes regards toutes les fois que le hasard me fit rencontrer les siens.

Tant de rigueur ne le rebuta point; et, s'imaginant que les présens auraient plus de pouvoir sur moi que son amour et sa bonne mine, il m'envoya un écrin où il y avait pour plus de quatre mille pistoles en toutes sortes de pierreries, qu'il avait trouvé le moyen de voler à madame la gouvernante sa mère. Je consultai Bartolome sur la conduite que je devais tenir dans une conjoncture si délicate. Vous n'avez qu'une chose à faire, me dit-il après avoir rêvé quelques momens; il faut sans différer renvoyer ces pierreries à don Guttière; nous

nous perdrions tous deux infailliblement, si nous étions assez imprudens pour les garder. Madame la gouvernante, car je ne doute nullement qu'il ne les ait dérobées, ne tardera guère à s'apercevoir de ce vol; elle en recherchera l'auteur, et à force de perquisitions le découvrira. M. le gouverneur se mêlera de cette affaire; il voudra tout approfondir, et cela l'indisposera contre vous. Je ne crois pas, ajouta-t-il, qu'il soit nécessaire que je vous en dise davantage. Vous savez que les femmes de théâtre, quelques talens qu'elles puissent avoir, jouent gros jeu quand elles fâchent les personnes qui sont en place. Après le traitement que vous a fait le corrégidor de Séville, vous devez craindre ces messieurs-là.

Votre conseil est trop judicieux pour que je ne le suive pas, répondis-je à Bartolome. Je me suis représenté tous les inconvéniens que vous venez de m'exposer; et je ne balance point à rendre les diamans; je suis même persuadée que cela fera le meilleur effet du monde dans l'esprit du comte de Cantillana. N'en doutez pas, reprit mon époux; il vous tiendra compte du sacrifice que vous lui ferez de don Guttière, et vous y gagnerez peut-être plus que vous n'y perdrez. Ne pouvant donc sans péril retenir les pierreries, je les fis remettre au fils du gouverneur, en lui faisant dire poliment de ma part que je les lui renvoyais, ne me sentant pas capable de la reconnaissance dont il faudrait les payer.

Nous n'avions pas tort, Bartolome et moi, de penser que le comte serait sensible au sacrifice que je lui ferais d'un rival si dangereux. Dès qu'il l'apprit, il en fut transporté de joie. Vous me préférez, me dit-il, au cavalier de Grenade le plus aimable. Ah! charmante Francisca! que ne pouvez-vous lire au fond de mon cœur dans ce moment! vous verriez jusqu'à quel point je suis pénétré de cette glorieuse préférence. Comte, lui répondis-je, en le regardant d'un air tendre, je ne prétends pas m'en faire un mérite auprès de vous : un cœur que vous possédez peut-il cesser de vous être fidèle! Non, comte, ajoutai-je d'un air passionné, soyez assuré que don Guttière et tous les hommes du monde ensemble ne sauraient vous l'enlever.

Le comte, à ces paroles flatteuses, se jetant avec transport à mes genoux, se répandit en discours pleins d'amour et de reconnaissance. Après quoi, ce seigneur se servit d'un autre style qui fut plus de mon goût que les lieux communs de la galanterie. Pour vous dédommager, me dit-il, des pierreries que vous avez refusées pour l'amour de moi, je vous fais présent d'un château que j'ai sur les bords du Guadalquivir, entre Jaën et Ubeda. Ce château n'est pas d'un grand revenu, mais c'est un séjour fort agréable. Je remerciai ce généreux seigneur du nouveau présent qu'il me faisait, et dès le même jour le contrat de donation me fut livré en bonne et due forme.

Rien n'est égal au ravissement où se trouva Bartolome quand je lui annonçai la nouvelle acquisition que mes charmes venaient de faire. Je savais bien, s'écria-t-il, que vous ne feriez pas pour rien le sacrifice de don Guttière. Comment, diable, un château! il faut avouer que le comte a de belles manières. Enfin mon mari ne pouvait contenir sa joie; et, cédant à l'impatience de voir ce château qui nous avait coûté si peu, il s'y rendit en diligence et en prit possession; puis en étant revenu peu de jours après: le comte de Cantillana, me dit-il, vous a fait un présent encore plus beau que vous ne pensez : apprenez ce que c'est que votre château; c'est une maison qui semble avoir été bâtie par les fées. Là-dessus il m'en fit une si magnifique description, que je ne pus m'empêcher cinq ou six fois de l'interrompre pour lui reprocher qu'il en exagérait les beautés. Tout au contraire, me répondait-il toujours, au lieu de l'embellir par mes expressions, j'en affaiblis plutôt les agrémens, puisque c'est un chef-d'œuvre de l'art et de la nature.

Outre qu'elle a de quoi charmer la vue, poursuivit-il, elle est affermée trois mille écus au plus riche laboureur du pays : j'en ai lu le bail, c'est un fait constant. Ajoutez à cela que nous sommes vous et moi seigneur et dame du village de Caralla, et que nous aurons le pas sur tous les *hidalgos* de la paroisse; ce qui ne laisse pas d'être une belle prérogative : il est vrai qu'on rira d'abord un peu à nos dépens à cause de notre profession; mais nous en serons quittes pour cela, et nous jouirons à bon compte de notre revenu et de tous nos droits seigneuriaux. Tournent présentement les affaires du théâtre au gré de la fortune, que nos pièces nouvelles aient le succès qu'il plaira à Dieu, nous avons un asile inaccessible à la faim.

C'est ainsi que mon époux se réjouissait de nous voir déjà sûrs d'une retraite qui n'est même que très-rarement le fruit tardif des longs travaux de nos pareils. J'étais aussi contente que lui; et bientôt le public en pâtit. Je commençai à me mettre sur le pied de paraître moins souvent sur la scène, et insensiblement point du tout; et cela à l'exemple de quelques grands acteurs, qui, sous prétexte de se ménager, se dispensaient de remplir leur devoir. Il me sembla qu'une dame qui possédait un fief dominant de trois mille écus de rente pouvait se donner les mêmes airs. Bartolome, à mon imitation, ne voulut plus jouer que rarement. Cela déplut au reste de nos camarades, qui se liguèrent contre nous, et la discorde se mit dans la troupe.

Me voici arrivée à l'époque d'un événement assez triste pour moi : le comte de Cantillana reçut alors des dépêches de la cour. Le duc de Lerme, dont il était aimé, lui mandait de se rendre incessamment à Madrid, ce ministre ayant jeté les yeux sur lui pour remplacer un conseiller d'état qui venait de mourir. Quoique le comte fût d'autant plus ravi de cette nouvelle, que son amour commençait à se ralentir, il ne manqua pas de me témoigner qu'il en était au désespoir, et que peu s'en fallait qu'il ne refusât la place qu'on lui offrait; mais en même temps il me représenta que, s'il ne l'acceptait point, il se brouillerait avec tous ses parens, et perdrait pour jamais l'amitié du duc de Lerme. Enfin, pour dorer la pilule, il me protesta qu'il se souviendrait toujours de sa chère Francisca. Je fis semblant d'être la dupe de ses protestations; et comme les pleurs de commande ne coûtent rien à une bonne comédienne, j'en répandis en abondance dans nos adieux.

CHAPITRE VIII.

Ce que fit dona Francisca après le départ du comte de Cantillana. Son mari et elle vont prendre possession de leur château. Aventure singulière qui lui arrive, et quel amant lui fait la cour.

VOILA de quelle façon nous nous séparâmes le comte et moi. Manuela, de son côté, presque dans le même temps, fut abandonnée de don Garcie, les seigneurs n'étant pas plus constans les uns que les autres. Padul, sous prétexte d'aller voir un oncle malade à Badajoz, s'éloigna d'elle et de Grenade. Heureusement nous étions toutes deux bien nippées, et dans un âge à nous consoler de la perte de nos volages amans.

A peine nous eurent-ils quittées, qu'il s'en présenta d'autres pour remplir leurs places; mais, outre que nous aurions été embarrassées sur le choix, les divisions qui régnaient dans la troupe augmentèrent à un point qu'elles nous dégoûtèrent de la profession comique, et nous firent prendre la résolution d'y renoncer. Ma chère Manuela, dis-je à mon amie, je suis lasse de me donner en spectacle sur un théâtre et de divertir le public. Je veux me retirer à mon château de Caralla, et faire la dame de paroisse. Puis-je me flatter que vous m'aimez assez pour vouloir m'accompagner?

Ce doute m'outrage, répondit Manuela; vous savez que rien au monde ne m'est si cher que votre amitié; j'en serais indigne si je refusais d'aller partager avec vous les douceurs de votre retraite. Partons, Francisca, partons : je suis prête à vous sacrifier tous les galans de Grenade. Nous sortîmes donc l'une et l'autre de la troupe, aussi-bien que Bartolome, qui, préférant le rôle de seigneur de village à celui de prince de théâtre, nous conduisit volontiers à Caralla, où nous arrivâmes gaîment tous trois dans un bon carrosse, acheté de nos propres deniers, ou, si vous voulez, de ceux du comte. Une chaise où étaient ma suivante et celle de Manuela nous suivait avec six valets qui menaient autant de mules chargées de notre bagage. Après quoi venaient notre cuisinier et le laquais de Bartolome, montés sur d'assez beaux chevaux, ce qui composait une suite digne de l'admiration des paysans, et de l'envie des *hidalgos*.

Je ne trouvai point le château au-dessus de la description que mon mari m'en avait faite ; mais il me parut bien bâti, bien meublé, et même aussi soigneusement entretenu que si le comte y eût fait sa résidence ordinaire : je fus surtout frappée de la beauté des jardins, et des vastes prairies qui s'étendent du côté du septentrion jusqu'aux bords du Guadalquivir. Je ne considérai pas avec moins de satisfaction les bois qui règnent du côté du midi. Bartolome, voyant que j'étais charmée de ce séjour, me dit d'un air triomphant : Hé bien, ma mignonne, vous ai-je trompée en vous vantant votre château ? Y en a-t-il un en Espagne où l'on respire un air plus pur, et qui présente à la vue des objets plus rians ? Non, sans doute, s'écria mon amie, encore plus enchantée que moi des agrémens de ma retraite ; et il faut avouer que c'est un vrai présent de seigneur. Nous passerons ici nos jours fort agréablement, pour peu que la noblesse du pays soit raisonnable.

Il est vrai, dit Bartolome, que les *hidalgos* sont des gens un peu fiers. Lorsqu'ils ont pour seigneur un homme du commun, il ne doit guère attendre d'eux de respect et de considération; cependant on voit tous les jours des riches marchands, après avoir fait banqueroute, se retirer dans une terre qu'ils achètent aux dépens de leurs créanciers, et même des gens de métier, ainsi que nous : mais, notre art étant d'être bons comédiens, nous saurons nous accommoder à leur sotte fierté. Cela ne nous coûtera pas beaucoup; et nous pourrons, en flattant leur orgueil, nous réjouir de leurs différens ridicules. J'ai meilleure opinion que vous de ces messieurs-là, dis-je à mon tour; je crois qu'il y en a parmi eux qui sont d'un bon caractère. Au reste, quels qu'ils puissent être, nous les obligerons par des manières engagcantes et polies à nous rendre ce qu'ils nous doivent.

Il est certain que nous n'étions pas prévenus en faveur de ces nobles, dont la plupart habitaient des chaumières. Nous nous imaginions qu'ils étaient sots et grossiers; et nous fûmes assez surpris, lorsqu'ils vinrent nous faire visite, de les trouver aussi civilisés qu'ils nous le parurent. Leurs femmes surtout nous firent connaître par leurs complimens qu'elles ne manquaient pas d'esprit, et j'en remarquai parmi elles quelques-unes qui avaient de fort bons airs. Nous leur fîmes à tous un accueil si gracieux, qu'ils eurent sujet d'être contens de nous; aussi nous le témoignèrent-ils en nous protestant qu'ils étaient ravis d'avoir des seigneurs qui sussent si bien recevoir la noblesse.

Nous allâmes les voir à notre tour chez eux; et, dans les visites que nous leur rendîmes, nous mîmes toute notre attention à ne rien dire et à ne rien faire qui pût blesser leur vanité. Avec cette circonspection, qui était d'une nécessité absolue pour vivre avec eux en bonne intelligence, nous gagnâmes leur amitié. Après cela, il ne fut plus question que de fêtes et de festins; il venait presque tous les soirs souper au château quatre ou cinq gentilshommes avec leurs épouses et leurs sœurs, et nous formions après le repas une espèce de bal qui durait souvent toute la nuit. Je passais ordinairement la journée dans le château à jouer ou à m'entretenir avec les femmes, tandis que mon époux chassait avec les hommes aux environs. Tels étaient nos amusemens, et bientôt il ne tint qu'à moi d'en avoir d'autres.

Parmi ces petits nobles, il y en avait un qui se nommait don Dominique Rifador (1). Il justifiait parfaitement bien son nom par son caractère; c'était un contradicteur impoli, un disputeur échauffé, un querelleur, un franc brutal; avec cela il avait un orgueil insupportable. Aucune dame jusque-là n'avait pu vaincre sa fierté; une victoire si difficile m'était réservée. Je lui plus, et il me fit l'aveu de sa passion avec toute la confiance d'un galant qui s'imagine que son amour fait honneur à l'objet aimé. Quelque aversion que j'eusse pour ce personnage, je l'écoutai sans me révolter contre son amour; mais je lui déclarai de sang-

(1) Querelleur.

froid en termes clairs et nets que je ne me sentais aucune disposition à l'aimer ; et je le priai de ne plus remettre le pied au château.

Vous croyez peut-être que, mortifié du mauvais succès de sa déclaration, il se retira plein de fureur, et changea son amour en haine : point du tout. Il me rit au nez en me disant qu'il voulait persister à m'aimer malgré moi. Je ne suis pas, poursuivit-il, si facile à rebuter. Je connais les femmes, et je ne prends point leurs grimaces pour des marques de vertu. Allons, ma princesse, ajouta-t-il, changez, s'il vous plaît, de langage. Laissez là les façons, elles vous conviennent encore moins qu'à une autre.

A ce discours insolent je ne pus retenir ma colère, et, dans mon premier mouvement, je traitai Rifador comme un nègre : mais il se moqua de mes invectives, et sortit en n'y répondant que par des ris qui redoublèrent ma fureur. J'en pleurai de rage, et j'avais encore les yeux baignés de larmes lorsque Manuela survint. Qu'avez-vous ? me dit-elle, en s'apercevant de l'état où j'étais. Quel sujet de chagrin pouvez-vous avoir dans un séjour où tout le monde ne songe qu'à vous plaire?

Je lui rendis compte de ce qui venait de se passer entre don Dominique et moi; et quand je lui eus tout dit, au lieu d'entrer dans mon ressentiment, elle n'en fit que rire. Vous avez tort, me dit-elle, de vous offenser de l'impolitesse et du ridicule d'un amant grossier; vous devez plutôt vous en réjouir; le mépris dont vous payez ses feux vous venge assez de son impertinence. Vous avez raison, répondis-je à mon amie: désormais, bien loin de prendre avec lui mon sérieux, je prétends me divertir de ses extravagances.

CHAPITRE IX.

Du malheur qui arriva dans le château de Caralla, et quelle en fut la suite. Dona Francisca prend la résolution de se retirer à Madrid avec dona Manuela sa compagne de théâtre. Elles se font passer pour des dames de condition.

Je m'étais donc déterminée à souffrir encore la vue de don Dominique Rifador, sans rien rabattre des sentimens que j'avais pour lui; mais il cessa de venir au château. Son orgueil, se soulevant enfin contre mes rigueurs, lui fit former, pour m'en punir, le dessein de ne plus m'honorer de ses visites.

Il ne borna pas là sa vengeance; il insulta Bartolome, lequel, étant encore plus que lui d'humeur spadassine, lui fit tirer l'épée, et le blessa dangereusement. Cependant Rifador n'en mourut point, et cette affaire insensiblement parut assoupie : on n'en parlait plus. Mais, six mois après, mon époux étant à la chasse tout seul dans un bois, y rencontra don Dominique, qui lui lâcha traîtreusement un coup de carabine, et le coucha par terre roide mort. Quoique cet assassinat eût été commis sans témoins, son lâche auteur, persuadé que je l'en soupçonnerais, et que je pourrais le faire arrêter, prit la fuite pour se dérober à la rigueur des lois.

Je pleurai amèrement Bartolome; et j'étais d'autant plus affligée de sa mort, que je ne pouvais la venger. Je m'en consolai pourtant à l'aide de Manuela, qui, toujours prête à m'offrir son assistance, avait l'art d'adoucir mes peines. Cependant nos plaisirs furent interrompus par ce funeste événement, ou, pour mieux dire, nous nous ennuyâmes de vivre dans la solitude. Je ne sais, dis-je un jour à mon amie, si vous êtes dans la disposition où je me trouve; je commence à me lasser de la compagnie des gentilshommes de campagne et de leurs épouses. J'ignore ce qui peut produire en moi ce changement; si c'est un effet de mon inconstance naturelle, ou de la mort de mon mari. C'est à votre délicatesse seule qu'il faut l'attribuer, répondit Manuela;

une fille accoutumée aux fleurettes des seigneurs doit bientôt se dégoûter du commerce des personnes que nous voyons dans ce pays-ci.

Ne vous imaginez pas, poursuivit-elle, que je sois plus propre que vous à demeurer dans la solitude. Je vous dirai aussi franchement que je m'ennuie dans ce château; je n'y ai plus que le plaisir d'être avec vous. Les différens originaux qui viennent ici ne me divertissent plus. Le ridicule réjouit d'abord; mais il déplaît ensuite, et devient insupportable. Si vous m'en voulez croire, ajouta-t-elle, nous suivrons une idée qui m'est venue, et que je ne vous ai point encore communiquée.

Je demandai à mon amie ce que c'était que cette idée : c'est, répondit-elle, d'abandonner ce séjour quelques années, et d'aller nous établir à Madrid. Nous sommes assez riches pour y vivre noblement, et nous y passerons sans peine pour des femmes de qualité, puisque nous en avons toutes les manières. Que pensez-vous de ce projet? a-t-il votre approbation? N'en doutez pas, lui dis-je, il me flatte infiniment.

Que d'images agréables il présente à mon esprit! Hâtons-nous de l'exécuter. Je suis bien aise, dit Manuela, que vous applaudissiez à ce voyage. J'ai un pressentiment qu'il ne sera pas malheureux. Préparons-nous donc à partir. Laissez le soin du château à votre fermier, avec ordre de vous en faire toucher le revenu à Madrid. Je joindrai à cela les dépouilles de don Garcie, pour mieux soutenir la figure que nous nous proposons de faire dans cette capitale de la monarchie.

Nous ne fûmes plus occupées que des préparatifs de notre départ, qui ne furent pas plus tôt achevés, que nous nous mîmes en chemin avec nos soubrettes, toutes quatre dans un carrosse; et nous étions accompagnées de deux valets montés sur des mules et bien armés. Après une traite aussi pénible que longue, nous arrivâmes heureusement dans cette ville, où nous jugeâmes à propos de changer de nom. Manuela prit celui d'Isménie, moi celui de Basilisa; et nous disant deux dames veuves de deux gentilshommes grenadins, nous louâmes cette maison, où nous commençâmes à recevoir compagnie. Nous y attirâmes d'honnêtes gens par nos manières aisées, et nous nous en fîmes estimer par une conduite sage.

Nous voyons, continua-t-elle, un assez grand nombre de cavaliers nobles, et il n'y en a pas un qui n'ait pour nous de l'estime et de la considération. Vous en pouvez juger par don Manuel de Pédrilla votre ami. J'ignore ce qu'il vous a dit de nous, mais je sais qu'il n'a pas dû vous en dire du mal. Quoique nous lui permettions de nous venir voir librement, nous ne craignons pas les rapports qu'il peut faire. Il n'a rien remarqué qui l'ait pu prévenir contre nos mœurs. Si nous ne suivons pas l'usage austère des dames qui s'interdisent l'entretien des hommes, nous n'en avons pas pour cela moins de vertu.

CHAPITRE X.

De la conversation qu'eut dona Francisca avec don Chérubin après lui avoir raconté son histoire. Elle lui propose de venir demeurer chez elle. Don Chérubin s'y détermine.

DONA Francisca, ma sœur, acheva dans cet endroit le récit de ses aventures, et me dit ensuite en souriant : Hé bien, mon frère, que vous semble de la veuve de Bartolome ? Ne vous paraît-elle pas une dame d'importance ? Oui, vraiment, lui répondis-je, vous avez fait votre chemin en peu de temps. Je vous en félicite, et je rends grâce au ciel d'avoir une sœur si bien dans ses affaires ; mais j'appréhende une chose. Nous sommes sujets dans notre famille à sacrifier à l'amour. Je crains que parmi les cavaliers qui viennent chez vous il ne se trouve quelque aimable fripon qui vous fasse perdre votre château comme vous l'avez gagné. N'ayez pas cette crainte, me repartit

Francisca, je suis plus capable d'en acquérir encore un autre que de donner le mien au même prix qu'il m'a coûté.

Mais changeons de matière, poursuivit-elle; puisque j'ai le plaisir de retrouver mon frère, ne nous séparons plus. Je vous offre un logement dans cette maison, venez y demeurer avec nous. Isménie n'en sera pas moins ravie que moi. Vous nous aiderez de vos bons conseils. Il pourra se présenter des conjonctures embarrassantes, dans les quelles votre prudence nous sera d'un grand secours; vous nous sauverez de fausses démarches. Que nous vous ayons cette obligation-là.

La proposition, je l'avouerai, ne me plut pas d'abord. Je me fis un scrupule d'être le conseiller et le guide de deux beautés dont je ne laissais pas de croire la sagesse équivoque, quoi qu'en pût dire ma sœur. Néanmoins je ne pus m'en défendre, et je m'y déterminai aux dépens de qui il appartiendrait, me réservant au surplus le droit de me séparer d'elles pour peu que je fusse mécontent de leur compagnie.

CHAPITRE XI.

Don Chérubin va loger chez sa sœur. Des connaissances nouvelles qu'il y fit, et de l'extrême considération qu'on eut pour lui lorsqu'on sut qu'il avait l'honneur d'être frère de Basilisa. Don André recherche l'amitié de don Chérubin; il l'acquiert. Raison pour laquelle il voulait s'en faire un ami.

Il me fallut donc aller demeurer avec ma sœur et sa bonne amie, qui me donnèrent un petit appartement fort propre, qu'elles avaient de réserve dans leur maison. Dès le soir même je me rendis chez elles avec don Manuel de Pédrilla. Venez, lui dis-je, mon ami, venez m'installer dans mon nouveau domicile, où je vous proteste que mon plus grand plaisir sera d'être à portée de vous servir auprès d'Isménie. Je ne refuse pas vos bons offices, me répondit-il; mais je ne saissi j'en serai plus heureux. Quoique Isménie paraisse avoir de tendres sentimens pour moi, elle ne veut pas mettre le comble à mon bonheur. Je doute que votre amitié ait plus de pouvoir que mon amour.

Il vint ce soir-là souper chez ces dames deux chevaliers de Saint-Jacques, qui me donnèrent mille accolades quand ils apprirent que j'étais frère de Basilisa. Mon gentilhomme, me disait l'un, que je vous embrasse pour l'amour de votre charmante sœur. Voilà votre vivante image, madame, disait l'autre à la veuve de Bartolome. Que vous devez avoir de joie de vous revoir tous deux ! je prends part à votre satisfaction mutuelle.

Ces discours ne firent que précéder une infinité de complimens qu'il me fallut essuyer, et auxquels je répondis sur le ton, comme on dit, de la bonne compagnie, pour montrer à ces messieurs que je n'étais pas embarrassé de ma contenance en pareille occasion. Aussi parurent-ils très-contens des échantillons que je leur laissai voir de mon esprit. Ils le furent encore davantage de quelques heureuses saillies qui m'échappèrent pendant le repas, et qu'ils relevèrent avec éloge.

Ces chevaliers, dont l'un se nommait don Denis Langaruto, et l'autre don Antoine Péléador, avaient des figures et des caractères bien différens. Don Denis était un grand corps sec, et don Antoine un gros petit homme trapu. Le premier, pour trancher de l'érudit, ne parlait que des sciences; et le second, faisant le guerrier, nous fatiguait de récits militaires. C'était à qui des deux nous ennuierait davantage. Aussitôt que l'un avait rapporté un passage d'auteur, l'autre, prenant brusquement la parole, entamait la relation d'un combat. Pendant ce temps-là don Manuel et la belle Isménie se lançaient réciproquement des regards qui les consolaient des discours fastidieux de ces deux convives, ou plutôt qui les sauvaient de l'ennui de les entendre. Pour ma sœur et moi, nous eûmes la politesse de n'en perdre pas un mot, et même de paraître y prendre beaucoup de plaisir.

En récompense, lorsque ces messieurs se furent retirés, je ne les épargnai point. Si tous les cavaliers qui viennent chez vous, dis-je à ma sœur, ne sont pas plus amusans que ceux-ci, je ne crois pas qu'en quittant vos *hidalgos* de Caralla vous ayez gagné au change. Il est vrai, dit Francisca, que voilà deux mortels assommans; mais vous en verrez d'autres dont vous serez plus satisfait. Cependant je le fus encore moins de deux commis des bureaux du duc de Lerme, qui soupèrent au logis le jour suivant.

Ceux-ci voulant qu'on eût autant de respect pour eux que pour des secrétaires d'état, affectaient une orgueilleuse gravité. Quand on leur eut dit que j'étais frère de Basilisa, ils ne se répandirent point en éloges ainsi que les chevaliers de Saint-Jacques; ils se contentèrent de m'honorer d'une simple inclination de tête, comme s'ils eussent été des conseillers du conseil de Castille. Quoiqu'ils fussent amoureux de nos dames, ils n'en parassaient pas plus émus. Bien loin de leur tenir des discours galans, ils gardaient un superbe silence; ou, s'ils le rompaient quelquefois, ce n'était que par des monosyllabes.

Je m'imaginais que du moins ils rabattraient de leur gravité quand ils seraient à table. Je les attendais là pour les voir peu à peu changer de maintien et se livrer au plaisir, comme font en pareil cas tous les graves personnages. Mais ni ma bonne humeur, ni les agaceries des dames ne purent leur faire perdre leur morgue de bureau, ni leur arracher un souris. Je n'ai jamais vu de gens qui m'aient tant déplu que ceux-là.

Aussi, dès qu'ils furent sortis, je fis de nouveaux reproches à ma sœur. Comment, lui dis-je, pouvez-vous faire de si mauvaises connaissances, vous qui avez de l'esprit et du goût! Ces commis sont encore plus ennuyeux que vos chevaliers d'hier. En vérité, ma sœur, puisque vous vous plaisez à recevoir compagnie chez vous, il me semble que vous devriez mieux choisir votre monde. Donnez-vous patience, répondit Francisca; vous verrez ici plus d'un cavalier dont vous ne serez pas fâché d'acquérir l'amitié.

J'en vis en effet dans la suite plusieurs qui pouvaient passer pour la fleur des galans, et que je ne pus m'empêcher de regarder comme autant de beaux-frères, quoique ma sœur me jurât tous les jours qu'elle leur tenait à tous la dragée haute. Il y en avait un entre autres nommé don

André de Caravajal de Zamora, qui réunissait en lui toutes les bonnes qualités dont les hommes les mieux nés n'ont ordinairement qu'une partie. Ce cavalier ne sut pas sitôt que j'étais frère de Basilisa, qu'il n'épargna rien pour s'insinuer dans mes bonnes grâces. Il eut peu de peine à y réussir, étant un de ces hommes agréables qui préviennent d'abord en leur faveur. Il ne fut pas plus tôt de mes amis, que, voulant devenir quelque chose de plus, il me fit une confidence : Seigneur don Chérubin, me dit-il, j'aime votre sœur, et ma plus chère envie serait de l'épouser. Je suis assez riche et d'assez bonne maison pour me flatter qu'elle pourrait agréer ma recherche; mais je m'aperçois qu'elle a du penchant pour un autre cavalier, et j'ai tout lieu de craindre ce rival.

Je demandai à don André qui était le galant qu'il paraissait tant appréhender. Vous ne le devineriez jamais, répondit-il; et quand je vous l'aurai nommé, vous aurez de la peine à me croire; car enfin ce n'est point don Félix de Mondejar, ni don Vincent de Cifuentes; c'est don Pédro Rétortillo. Cela n'est pas possible! m'écriai-je avec étonnement. Don Pédro, le plus mal fait de tous les amans de ma sœur, un capricieux, un fat : non, je ne puis penser qu'elle soit d'un goût assez dépravé pour vous le préférer. Vous direz de ce cavalier ce qu'il vous plaira, reprit Caravajal; mais il est aimé de Basilisa, rien n'est plus véritable; elle a les yeux fermés sur ses défauts; elle le trouve fort bien fait; et il a beau parler à tort et à travers, elle admire son esprit.

Je promis à don André de traverser de tout mon pouvoir l'amour de don Pédro; et, pour lui tenir parole, j'eus avec Francisca le lendemain une longue conversation, dont on verra l'effet dans le chapitre suivant.

CHAPITRE XII.

Du malheureux succès qu'eut le service que don Chérubin voulut rendre à son ami don André. Il sort de chez sa sœur pour ne la plus revoir. Dona Francisca épouse don Pèdre. Quel est cet homme.

Je ne sais, lui dis-je, ma sœur, si vous vous ressouvenez de m'avoir prié de vous aider de mes conseils. Oui, sans doute, mon frère, me répondit-elle, et je vous en prie encore. Hé bien, repris-je, puisque vous le voulez, je vais donc m'ériger en conseiller; mais faites-moi un aveu sincère auparavant : aimez-vous don Pédro Rétortillo?

A cette question dona Francisca devint plus rouge que le feu, et se troubla. Vous rougissez, poursuivis-je, ma sœur; à ce que je vois, je n'ai pas besoin de votre réponse pour savoir ce que je dois penser; votre trouble ne me l'apprend que trop. Il est donc vrai que vous aimez don Pèdre!

O ciel! faut-il que vous ayez jeté les yeux sur celui de vos amans qui me paraît le moins digne de vous posséder!

Qui peut, répondit-elle, vous avoir si bien instruit d'un amour que je ne croyais pas avoir fait éclater? C'est, lui répliquai-je, un rival de don Pèdre qui l'a pénétré. Et ce rival si pénétrant, reprit avec précipitation ma sœur, est apparemment Caravajal, pour qui vous avez la bonté de vous intéresser! Hé bien! puisqu'il a démêlé mes sentimens, je ne les désavouerai point. Oui, don Pèdre m'a su plaire, je ne vous le cèle pas. Je suis fâchée que vous n'estimiez point ce gentilhomme; mais sachez que je le regarde d'un œil si favorable, que je le préfère à Caravajal comme à tous ses autres rivaux.

Oh! pour cela, ma sœur, interrompis-je avec quelque émotion, je ne puis m'accorder avec vous là-dessus. Je ne vois dans don Pèdre, pardonnez-moi ma franchise, qu'un tissu de mauvaises qualités. Il est bourru, emporté, plein de caprices; et je le crois avec cela très-jaloux de son naturel. Qu'il soit tout ce que vous voudrez, interrompit à son tour la veuve de Bartolome d'un air brusque et chagrin, quelque mal que vous m'en puissiez dire, il sera mon époux; et c'est vouloir se brouiller avec moi pour jamais que d'entreprendre de me détacher de lui.

Ma sœur prononça ces paroles d'un ton de voix qui m'imposa silence. Je n'osai plus combattre sa sotte tendresse pour Rétortillo, ni parler en faveur de Caravajal, qui fut obligé, avec tout son mérite, de céder la place à son indigne rival. J'en fus d'autant plus mortifié que je sentais augmenter de jour en jour mon amitié pour l'un et mon aversion pour l'autre. Je détestai le caprice de Francisca, et je commençai à craindre que notre union ne fût pas de longue durée.

Effectivement, depuis cet entretien, ma sœur changea de conduite à mon égard. Elle rabattit beaucoup des attentions et des déférences qu'elle avait eues pour moi jusque-là. Elle affectait même d'éviter ma conversation; et, quand elle ne le pouvait, elle me parlait d'un air glacé. Enfin, ne pouvant me pardonner de n'approuver pas le dessein qu'elle avait d'épouser un homme haïssable, elle ne me regarda plus que comme un censeur incommode et fâcheux dont elle devait se défaire. Aussitôt que je m'en aperçus, je pris mon parti. Je sortis de sa maison, d'où je fis porter mes nippes à l'hôtel garni où j'avais auparavant demeuré, et je rejoignis mon ami don Manuel. Après cela qu'on me vienne vanter la force du sang. Quelque amitié qu'il y ait entre les frères et sœurs, il faut bien peu de chose pour l'altérer.

Après notre séparation, je cessai de voir Francisca, qui ne tarda guère à lier son sort à celui de don Pèdre par un hymen qui ne produisit pour elle que des fruits très-amers; puisqu'au lieu de trouver dans son second mari l'humeur commode et complaisante du premier, elle reconnut qu'elle était tombée entre les mains du plus jaloux de tous les hommes. Dès le lendemain de leurs noces tout changea de face dans la maison : l'entrée en fut interdite aux galans. Il n'y eut plus de jeu, plus de soupers; don Pèdre changea de domestiques, et mit auprès de son épouse la duègne d'Espagne la plus rebarbative. En un mot, il fit une femme misérable de la plus heureuse de toutes les veuves. J'appris peu de temps après qu'il l'avait emmenée à la campagne avec Isménie; de manière que don Manuel fut obligé de se consoler de l'éloignement de sa maîtresse comme moi de celui de ma sœur.

TROISIEME PARTIE.

CHAPITRE PREMIER.

Don Manuel de Pédrilla, se voyant dans la nécessité de retourner dans son pays, engage don Chérubin son ami à l'accompagner. De leur arrivée à Alcaraz.

Comme on oublie plus facilement une sœur qu'une maîtresse, je ne pensai plus à dona Francisca vingt quatre heures après que je m'en fus séparé, au lieu que don Manuel eut besoin de huit jours pour chasser de son souvenir sa chère Isménie. Enfin nous ne songions plus à ces dames, lorsque mon ami reçut une lettre d'Alcaraz, par laquelle don Joseph son père lui mandait que, se sentant frappé d'une maladie dont il ne pouvait revenir, il souhaitait de mourir dans ses bras. Don Manuel, fort affligé de cette nouvelle, se disposa dans le moment à obéir à son père; mais, voulant en même temps accorder avec son devoir l'amitié qu'il avait pour moi, il me pria de l'accompagner, et je ne pus m'en défendre.

Nous partîmes de Madrid suivis d'un valet, tous trois montés sur de bonnes mules, et nous prîmes le chemin d'Alcaraz, où nous arrivâmes en moins de six jours. Nous trouvâmes le bonhomme don Joseph prêt à faire le trajet de ce monde-ci à l'autre. Il y avait dans sa chambre deux médecins qui saluèrent don Manuel en lui disant d'un air gai : Il y a trois jours que votre père devrait être mort; mais grâce à la vertu de nos remèdes et aux soins que nous avons eus de lui, nous avons prolongé sa vie jusqu'à votre retour; il désirait la satisfaction de vous embrasser, nous la lui avons procurée. Quand ces docteurs auraient guéri leur malade, ils n'eussent pas paru plus contens. Cependant le vieillard, qui tirait à sa fin, n'eut pas sitôt vu son cher fils qu'il expira, et remplit de deuil sa maison.

Il laissait après lui une vieille sœur, une jeune fille et don Manuel. Ces trois personnes pleurèrent amèrement son trépas, et lui firent des funérailles dignes d'un gentilhomme qui avait été officier-général dans les armées du roi sous le règne précédent. Lorsqu'ils eurent essuyé leurs pleurs, et que don Manuel se fut mis en possession des biens de son père, il reparut dans le monde, et ne se refusa plus aux plaisirs de la société. Il fit son premier soin de me présenter aux plus honnêtes gens de la ville comme un gentilhomme de ses amis. Voilà le personnage que j'eus à jouer, et dont j'ose dire que je ne m'acquittai point mal. J'étais trop bien en habits et en argent pour faire une triste figure. Je donnais des fêtes aux dames, et, sans vanité, je ne m'attirais pas moins leur attention que mon ami.

On ne peut pas long-temps fréquenter de jolies femmes sans payer le tribut qu'on leur doit : don Manuel devint amoureux. Dona Clara de Palomar, jeune beauté d'Alcaraz, prit dans son cœur la place qu'Isménie y avait occupée, et même y alluma une flamme plus vive. Pour moi, je faisais ma cour aux dames en général, sans m'attacher à aucune en particulier; ce qui étonnait fort mon ami. Don Chérubin, me disait-il, toutes les dames d'Alcaraz auront-elles le honteux malheur d'avoir inutilement essayé sur vous leurs regards? Quelqu'une ne vengera-t-elle pas les autres de votre injurieuse indifférence?

Je riais des reproches de don Manuel; mais, hélas! il ne me les aurait pas faits s'il eût pu lire au fond de mon âme. Bien loin d'être insensible, je brûlais des feux les plus ardens pour sa sœur dona Paula. Je l'adorais secrètement, comme on adore une divinité. Je n'avais garde de faire confidence à son frère d'une passion si audacieuse. Quelque amitié qu'il me témoignât, je m'imaginais que, si je me déclarais, il se révolterait contre ma témérité.

Je cachais donc bien soigneusement mon amour. Je pris même la vigoureuse résolution de le vaincre, et ce triomphe ne me parut pas impossible; car, malgré ma préoccupation, je convenais que dona Paula n'était pas une beauté parfaite, et qu'il y avait lieu d'espérer qu'en m'éloignant d'elle je viendrais à bout de m'en détacher. Ayant donc formé le dessein de tenter le secours de l'absence, pour suivre le conseil d'Ovide, je dis à Pédrilla que je le priais de me permettre de retourner à Madrid ; mais il s'opposa fortement à mon départ.

Est-ce là, me dit-il, cet ami qui me protestait qu'il voulait passer sa vie avec moi ? Don Chérubin, ajouta-t-il, vous vous ennuyez dans ce séjour, ou bien je vous ai peut-être, sans y penser, donné quelque sujet de mécontentement. Non, lui répondis-je, mon cher don Manuel, je n'ai jamais été plus content de vous que je le suis. Pourquoi donc, répliqua-t-il, avez-vous envie de m'abandonner ? Là-dessus il me fit de si pressantes instances pour savoir mon secret, que je le lui révélai. Voilà, lui dis-je ensuite, ce qui m'oblige à m'éloigner d'Alcaraz, et vous devez approuver ma résolution.

Don Manuel, après m'avoir attentivement écouté, prit un air sombre et chagrin. Je crus que, malgré l'amitié qui nous unissait, la fierté de ce gentilhomme se révoltait contre un téméraire qui élevait trop haut sa pensée ; et, dans cette erreur, j'ajoutai qu'il ne devait pas s'offenser de l'aveu d'une passion que j'avais condamnée au silence, et qu'il aurait toujours ignorée s'il ne m'eût pas forcé de la lui découvrir. En jugeant ainsi de don Manuel, je ne lui rendais pas justice : Don Chérubin, me dit-il, je suis au désespoir que vous ne m'ayez pas plus tôt fait connaître vos sentimens pour ma sœur. Je l'ai promise il y a huit jours à don Ambroise de Lorca. Que ne l'avez-vous prévenu ? je n'aurais point donné ma parole à ce gentilhomme, quoique ce soit peut-être le parti le plus avantageux qui puisse se présenter pour ma sœur.

Je fus accablé de cette nouvelle, et don Manuel parut fort touché du saisissement qu'elle me causa. Mais changeant tout à coup de visage : Mon ami, me dit-il d'un air consolant, le mal n'est pas sans remède. Je me souviens qu'il y a dans mon engagement avec Lorca une circonstance qui peut le rendre nul. Je ne lui ai promis ma sœur qu'à condition qu'elle souscrirait sans répugnance à ma promesse. Réglez-vous là-dessus. Faites bien votre cour à dona Paula. Je vous fournirai de fréquentes occasions de la voir et de l'entretenir en particulier. Tâchez de lui plaire, et si vous en venez à bout je me charge du reste. Ces paroles me rappelèrent, pour ainsi dire, à la vie. Je commençai à me flatter que je pourrais bien devenir l'époux de dona Paula. Je ne craignais qu'une chose : j'avais peur que cette dame ne fût prévenue en faveur de mon rival; et c'était en effet de là que mon sort dépendait. Heureusement dès la première conversation que j'eus avec elle je perdis ma frayeur. Je remarquai même que don Ambroise était haï, ce que j'eus la vanité de regarder comme un présage d'amour pour moi.

CHAPITRE II.

Don Chérubin se fait aimer de dona Paula. Don Ambroise de Lorca, son rival, presse don Manuel de la lui accorder. Il la lui refuse. Suite funeste de ce refus : don Manuel et don Chérubin vont se battre avec lui ; ils sont les vainqueurs.

Effectivement je ne me flattai point d'une trompeuse espérance. A force de faire tantôt le languissant, tantôt le mourant, tantôt le passionné, j'obligeai dona Paula de m'avouer qu'elle était sensible à ma tendresse. Il est vrai que le frère et la tante ne contribuèrent pas peu à lui faire agréer mes soins par le bien qu'ils lui disaient de moi tous les jours : de sorte que je me vis bientôt dans cette ravissante situation où se trouve un amant chéri qui est sur le point d'épouser ce qu'il aime.

D'un autre côté, mon rival, aussi amoureux que moi pour le moins, et comptant sur la promesse de Pédrilla, le pressait vivement de la tenir. Don Manuel, lui dit-il un jour, il semble que vous ayez perdu l'envie d'être mon beau-frère. Parlez-moi franchement, auriez-vous changé de sentiment au mépris de votre parole donnée? Non, lui répondit don Manuel; mais ressouvenez-vous qu'en vous promettant ma sœur je vous déclarai que je ne prétendais pas la marier malgré elle. Vous devez m'entendre. Je suis fâché de vous le dire, son cœur est échappé à vos galanteries.

A d'autres, interrompit don Ambroise en rougissant de honte et de dépit; car c'était un noble des plus fiers et des plus glorieux. Ce n'est point à moi qu'on en fait accroire. Je suis mieux informé que vous ne pensez de ce qui se passe. Je sais tout. Vous voulez préférer à un homme de ma qualité le fils d'un petit juge de village, un bourgeois à qui je ferai donner les étrivières pour punir son audace et son insolence. Ce bourgeois, lui dit Pédrilla, porte une épée, et je vous apprends que ses ennemis sont les miens. Cela étant, reprit Lorca, trouvez-vous demain tous deux au lever du soleil à l'entrée des montagnes de Bogarra ; vous y verrez un homme disposé à vous faire connaître qu'on ne lui manque pas de parole impunément.

En prononçant ces mots d'un air menaçant, il se retira plein d'impatience d'être au lendemain. Mon ami vint me rendre compte de cette conversation, et ne me fit pas grand plaisir en m'annonçant qu'il fallait nous préparer à nous battre. Il avait beau se montrer courageux jusqu'à se faire un jeu de cet appel, je ne m'en faisais qu'une image très-désagréable. Néanmoins, quoique je sentisse frémir la nature, je ne laissai pas d'affecter par honneur de paraître résolu. Je pris même un air d'intrépidité, dont je suis sûr que mon ami fut la dupe. Mais tout cela ne me rendait pas plus vaillant, et dans le fond de l'âme j'aurais voulu la partie rompue.

Je dirai plus, pour accommoder les choses, je fis la nuit un plan de pacification par lequel je cédais de bonne grâce ma maîtresse à mon rival. Véritablement je rejetai ensuite une pensée si lâche. Je me représentai le mépris dans lequel je tomberais si je ne marquais pas de la fermeté dans cette occasion, et qu'enfin je perdrais, avec mon honneur, l'estime de mon ami et l'objet de mon amour. Ces réflexions m'échauffèrent peu à peu, et m'inspirèrent tant de courage, que je ne respirai plus que le combat.

Je me levai dans cet accès de bravoure pour voler au rendez-vous avec don Manuel, qui, sans le secours de l'amour, était dans la même disposition que moi. Nous montâmes sur nos deux meilleurs chevaux, et nous piquâmes vers Bogarra. Don Ambroise y était déjà avec un autre cavalier. Nous nous joignîmes tous quatre, et nous étant salués de part et d'autre, Lorca dit à don Manuel : Êtes-vous toujours dans la résolution de me refuser votre sœur après me l'avoir promise? Oui, lui répondit Pédrilla, et vos menaces m'ont confirmé dans ce dessein, au lieu de m'en détourner. Vous n'avez donc, répliqua don Ambroise, qu'à descendre votre Chérubin et vous.

Il ne fut point obligé de nous le dire deux fois : nous mîmes pied à terre dans le moment. Nos ennemis firent la même chose. Nous attachâmes nos chevaux à des arbres qui bordaient le grand chemin, et nous nous présentâmes fièrement les uns devant les autres. Don Ambroise attaqua don Manuel, et j'eus affaire à l'autre cavalier, qui joignait à l'avantage d'être bon escrimeur, celui d'avoir à se battre contre un homme qui ne savait seulement pas manier une épée. Cependant je ne sais par quel hasard je fis sentir à ce spadassin la pointe de ma lame si rudement, que je l'étendis sur le carreau. Dans le temps que mon homme tomba sous mes coups, don Manuel eut aussi le bonheur d'expédier le sien ; de sorte que nous demeurâmes maîtres du champ de bataille.

CHAPITRE III.

Ce que firent don Manuel et don Chérubin après cette aventure. Ils sont poursuivis par la famille de don Ambroise de Lorca, et sont obligés de se retirer dans un monastère. Rare portrait d'un supérieur de couvent.

La première chose que nous jugeâmes à propos de faire après ce triste événement, fut de penser à notre sûreté. Don Ambroise était parent du gouverneur d'Alcaraz, et nous pouvions compter que ce gouverneur mettrait la sainte hermandad à nos trousses dès qu'il serait informé de notre combat. Il faut ajouter à cela que le cavalier qui avait eu le malheur d'étrenner ma rapière était d'une famille qui avait aussi beaucoup de crédit. D'un autre côté, dans quelque endroit du monde qu'il nous prît envie de nous retirer, il nous fallait de l'argent. Tout cela bien considéré, nous résolûmes de regagner Alcaraz avant qu'on y sut la mort de Lorca, de nous munir d'or et de pierreries, et de nous sauver à Barcelonne, pour nous y embarquer sur le premier vaisseau qui mettrait à la voile pour l'Italie.

Sitôt que nous eûmes formé ce dessein, nous retournâmes en toute diligence au logis, où, sans perdre de temps, nous nous chargeâmes de tout ce que nous pûmes emporter de pistoles et de bijoux. Ensuite nous dîmes adieu à dona Paula et à sa tante, après être convenus avec elles des moyens d'avoir secrètement ensemble un commerce de lettres. Nous partîmes pour Barcelonne, suivis d'un seul valet; mais, ne trouvant point en arrivant dans cette ville l'occasion de passer en Italie, nous fûmes obligés, en l'y attendant, de nous y arrêter quelques jours.

On ne saurait s'imaginer ce que je souffris pendant ce temps-là. Il faut avoir fait un mauvais coup pour concevoir les alarmes et les inquiétudes qui troublèrent mon repos. Quoique j'eusse tué mon cavalier en galant homme, je n'avais pas moins de peur que si j'eusse commis un assassinat.

Je croyais voir sans esse des archers qui venaient fondre sur mi. Quand j'apercevais quelqu'un qui m'enviageait, je le prenais pour un espion payé pur me suivre. Enfin j'avais le jour mille fayeurs, et la nuit je faisais des songes funestes.

Outreles craintes cotinuelles dont j'étais la proie, je ne me suvenais pas sans remords de ce que j'avai fait. Je me repentais d'avoir donné la mor à un cavalier au lieu d'avoir suivi le plan de pacification qui m'était venu dans l'eprit la veille du jour de notre combat. J'en avais d'autant plus de regret, qu'il me senblait que je n'aimais plus tant dona Paul; ce qu'il fallait attribuer à l'horrible situation où j'étais, l'amour se plaisant à régner seul dans un cœur, et n'y pouvant ouffrir que les craintes et les inquiétudes quil cause lui-même aux amans.

Tandis que nous étions agités, don Manuel et moi, de toutes le terreurs qui accompagnent un homme que poursuit la justice, Miléno notre valet es augmenta un soir en nous disant qu'il venait de voir descendre à la porte d'une hôtdlerie des gens qui lui étaient suspects, et qu'il croyait même avoir reconnu parmi eux un alguasil d'Alcaraz; mais, ajouta-t-il, je puis m'être trompé. Pour savoir la vérité, je vais me glisser subtilement dans cette hôtellerie.

Nous laissâmes faire ce garçon, dont nous connaissions l'adresse, et qui, revenant nous joindre deux heures après, nous dit : L'avis que je vous ai donné n'est que trop vrai. Un alguasil et des archers sont à vos trousses; ils vont vous chercher d'hôtellerie en hôtellerie, et vous ne devez pas douter qu'ils ne viennent dans celle-ci. Vous n'avez point de temps à perdre, si vous voulez leur échapper. Allez vite demander un asile dans quelque monastère : c'est le seul endroit où vous puissiez être en sûreté.

Nous jugeâmes que Miléno avait raison. Nous nous réfugiâmes chez les carmes déchaussés, dont le supérieur nous reçut à bras ouverts lorsque nous eûmes dit que nous étions deux gentilshommes qu'une affaire d'honneur obligeait à se cacher. Il est vrai que, pour mieux l'engager à nous faire l'hospitalité, nous lui laissâmes entrevoir dans nos discours que nous étions en état de la bien payer. Il voulut avant toutes choses être informé de l'aventure qui nous réduisait à la nécessité de chercher une retraite. Nous ne lui célâmes rien ; et, lorsque nous lui eûmes tout conté, il nous dit : Votre affaire peut s'accommoder ; les cavaliers qui ont succombé sous vos coups se sont eux-mêmes attiré leur malheur. Ne songez plus à vous embarquer pour l'Italie. Il n'est pas besoin que vous fassiez ce voyage pour vous mettre en sûreté ; demeurez tranquilles dans ce couvent, vous y serez à couvert du ressentiment de vos ennemis, et j'espère que par le crédit de mes amis je vous tirerai de l'embarras où vous êtes.

Nous remerciâmes sa révérence de la bonté qu'elle avait d'entrer ainsi dans nos intérêts ; et c'était en effet un grand bonheur pour nous. Ce supérieur avait sous sa direction les premières personnes de la ville, et entre autres le gouverneur don Guttière de Terrassa, dont il était fort considéré. Le nom du père Théodore emportait dans Barcelonne une idée d'homme de bien, ou plutôt d'homme de Dieu. Ce carme joignait à cela beaucoup d'esprit; mais ce qu'il avait de plus admirable, c'était une humeur gaie, qu'il savait concilier avec une vie dure et mortifiée. Il passait les trois quarts de la nuit à prier et à méditer; il employait la matinée à prêter l'oreille aux pécheurs qui voulaient se convertir par son ministère; et l'après-dîner, dans ses heures de récréation, il avait avec les honnêtes gens qui le venaient voir des entretiens dans lesquels il faisait paraître l'esprit et toute la gaîté d'un homme du monde. De tels religieux sont aujourd'hui bien rares.

Le père Théodore, tel que je viens de le peindre, nous fit donner deux cellules, où il y avait deux grabats, composés chacun d'une paillasse et d'un matelas fort mince, et qui pourtant, tout durs qu'ils étaient, pouvaient passer pour des lits mollets en comparaison de ceux des religieux de ce couvent. Seigneurs cavaliers, nous dit ce saint supérieur, ne vous attendez point à trouver dans cet asile toutes les commodités que vous auriez dans le monde. Outre que vous serez ici fort mal couchés, on ne vous y servira que notre pitance, qui n'est propre qu'à ôter la faim sans piquer la sensualité. Mais, ajouta-t-il en souriant, je crois que vous voudrez bien souffrir cette petite mortification pour apaiser le ciel que vous avez irrité contre vous par votre combat. Nous nous soumîmes volontiers à cette légère pénitence. Je dirai même qu'en peu de jours nous nous accoutumâmes à la dureté de nos lits et à la frugale portion des moines, comme si nous n'eussions jamais été couchés plus mollement ni mieux nourris.

Comme don Ambroise avait été l'agresseur, ses parens n'étaient pas si animés contre nous qu'ils l'auraient été s'il eût eu raison. Ils sacrifièrent sans peine leur ressentiment à don Guttière, et aux démarches que la famille de don Manuel fit pour les apaiser. Ils cessèrent de nous poursuivre, et cette affaire fut entièrement finie au bout de six mois. Je ne doute point que le lecteur ne s'imagine qu'après cela nous retournâmes gaîment à Alcaraz, mon ami et moi, pour y épouser nos maîtresses; mais il se trompe. Je demeurai à Barcelonne, où il m'arriva ce que je vais raconter.

Pendant qu'on travaillait à notre accommodement, j'avais souvent des entretiens avec le père Théodore; et plus je le voyais, plus j'étais charmé de lui. Il avait un air de satisfaction que j'admirais; je le lui disais souvent, et il me répondait toujours que si je voulais l'avoir aussi, je n'avais qu'à passer ma vie dans ce monastère. Considérez bien nos religieux, me dit-il un jour, vous lirez sur leur visage la tranquillité qui règne dans leur conscience. Vous êtes, ajouta-t-il, si occupé de vos affaires, que vous n'avez pas encore pris garde à cela, quoique ce soit une chose qui mérite d'être remarquée.

J'y fis attention, et véritablement j'en fus édifié. J'étais étonné de voir des hommes si satisfaits d'un genre de vie si austère. Je commençai à rechercher leur conversation par curiosité. Je les engageai à parler pour savoir s'ils jouissaient effectivement d'une paix intérieure qu'aucun chagrin ne troublait. Je trouvai leurs discours d'accord avec leurs visages, et j'eus lieu de penser qu'ils étaient aussi contens qu'ils le paraissaient. Cela me fit faire des réflexions qui m'agitèrent terriblement. Comment donc! dis-je en moi-même, il y a des mortels assez détachés des biens et des plaisirs du monde pour leur préférer la solitude des cloîtres! que leur bonheur est digne d'envie!

Entre ces vénérables religieux il y en avait un qui se distinguait par un talent aussi rare qu'utile. Il semblait n'avoir qu'une fonction, et cette fonction consistait à confesser les malades et à les exhorter à la mort. On le venait chercher à toutes les heures du jour et de la nuit pour aller disposer des mourans à faire une fin chrétienne. Ayant entendu dire qu'il s'acquittait à ravir d'un si triste emploi, il me prit envie d'accompagner ce père une nuit. Il s'agissait d'engager à se confesser un vieux gentilhomme catalan, qui pendant quarante ans pour le moins avait mené une vie de miquelet. Deux ecclésiastiques y avaient déjà renoncé, n'ayant pu tenir contre les injures dont il les avait accablés en les voyant seulement paraître dans sa chambre.

Ce pécheur endurci ne fit pas d'abord à notre carme une réception plus gracieuse. Retire-toi, moine, lui cria-t-il, ta figure me déplaît; et ces paroles furent suivies d'une infinité d'autres pleines de fureur. Le religieux, au lieu de se rebuter, répondit avec douceur à ses emportemens, et s'arma d'une patience infatigable. Le malade en fut étonné. Que venez-vous faire ici, père? lui dit-il, retirez-vous. Un aussi grand pécheur que moi doit vous épargner des discours superflus. Je suis trop coupable pour échapper à la justice divine.

Alors le père Séraphin, c'est ainsi que se nommait le carme, étendit les bras, et adressa ces paroles au ciel d'un ton qui émut toutes les personnes qui étaient présentes : O divin Sauveur ! père des miséricordes, vous voyez une de vos créatures prête à tomber dans le désespoir. Faites-lui la grâce, par mon organe, de la préserver de ce malheur. Jetez sur elle un œil de pitié. Que votre bonté, Seigneur, la dérobe à votre justice. Le malade fut effrayé de cette apostrophe, et demanda au religieux s'il lui était permis de concevoir quelque espérance de salut après avoir commis tant de péchés.

Là-dessus notre saint carme, emporté par son zèle, s'approcha du gentilhomme, et, se répandant en discours sur la miséricorde de Dieu, il lui en tint de si consolans et de si pathétiques, qu'il fit fondre en pleurs tous ceux qui l'écoutaient. Pour rendre son exhortation plus touchante encore et plus efficace, il l'accompagnait de ses larmes, dont il baignait les joues du malade en l'embrassant à tout moment. Il y avait de l'onction même dans la manière dont il disait les choses. Aussi le gentilhomme en fut si pénétré, qu'il rentra en lui-même, se repentit de ses fautes, et mourut, du moins en apparence, parfaitement converti.

Je ne regardai plus après cela le père Séraphin qu'avec admiration. Je recherchai son amitié, qu'il ne put refuser à un homme dans lequel il entrevit une disposition prochaine à devenir dévot, comme en effet, de jour en jour je me sentais plus de goût pour la retraite; et les entretiens que j'avais tantôt avec ce père, et tantôt avec le supérieur, m'inspirèrent insensiblement le désir d'y passer le reste de ma vie, et ce désir se tourna bientôt en résolution. Je fis confidence d'un si louable dessein au père Théodore, qui le combattit, moins pour m'en détourner que pour éprouver la fermeté de mes sentimens. Mon cher enfant, me dit-il, quand votre affaire sera terminée, vous penserez peut-être autrement que vous ne faites aujourd'hui. Non, mon père, lui répondis-je, non; je veux mourir dans ce monastère sous votre habit.

Tandis que j'étais dans cette disposition notre affaire s'accommoda. Le supérieur, après m'avoir annoncé cette nouvelle, me dit d'un air riant : Hé bien, mon fils, qui vit présentement dans votre esprit, du monde ou de la solitude? de l'abondance ou de la pauvreté? Il ne tient qu'à vous de retourner à Alcaraz, où la main d'une jeune et belle personne vous attend. Pourrez-vous préférer à un sort si charmant les rudes travaux de la pénitence? Consultez-vous bien avant que vous vous déterminiez.

Je répondis au père Théodore que j'avais fait toutes mes réflexions, et que je souhaitais d'augmenter le nombre de ses religieux. J'ajoutai à cela que je voulais, en prenant l'habit, lui remettre tout le bien que je possédais, et dont je faisais présent à sa communauté; à quoi d'abord il fit difficulté de consentir, de peur qu'on ne dît dans le monde qu'il m'avait séduit. Je combattis sa délicatesse, qui résista long-temps à ma pieuse intention; néanmoins, comme sa révérence voulait que la volonté du ciel se fît en toutes choses, elle eut la bonté de me sacrifier sa répugnance.

Je n'avais point encore parlé de mon projet à don Manuel, qui était fort éloigné de le pénétrer. Il s'apercevait bien que je devenais dévot à vue d'œil; mais il ne me croyait pas homme à pousser la dévotion jusqu'à vouloir prendre le froc; s'imaginant que j'étais toujours épris de sa sœur comme lui de dona Clara, il ne fut pas peu surpris, lorsque, après notre affaire finie, je l'informai du changement qui s'était fait en moi, et du dessein que j'avais pris d'entrer dans l'ordre des carmes déchaussés.

J'avais compté, me dit-il, que nous retournerions tous deux à Alcaraz, où vous épouseriez ma sœur; que nous n'y ferions qu'une famille, et qu'enfin la mort seule nous séparerait. C'est, lui répondis-je, ce que je me promettais aussi quand nous sommes venus dans ce couvent. Je me faisais une idée charmante de vivre avec vous et dona Paula; mais le ciel en ordonne autrement. Il m'a parlé du ton dont il parle aux cœurs qu'il veut arracher aux délices du siècle. Je ne me fais plus un plaisir de ceux que l'hymen le plus doux peut offrir à la pensée, ou plutôt je m'en fais un de les sacrifier tous. Heureux si ce sacrifice peut expier les désordres de ma vie passée!

Je redoublai par ce discours l'étonnement de don Manuel. S'il était permis, reprit-il, de murmurer contre le ciel, je lui reprocherais de m'avoir enlevé le plus cher de mes amis. Au lieu de vous plaindre du ciel, lui repartis-je, craignez plutôt qu'il ne mette au nombre de vos plus grandes fautes celle de n'avoir pas profité comme moi des bons exemples que les religieux de ce monastère nous ont donnés. Cependant, mon cher don Manuel, il en est temps encore. Laissez vos biens à votre sœur, et renoncez courageusement à dona Clara. L'amour n'est pas une passion qui soit invincible, et le souvenir d'une maîtresse ne tiendra pas ici long-temps contre le secours que la grâce vous prêtera pour en triompher. Allons, poursuivis-je, mon ami, faites un effort pour rompre des liens qui vous attachent au monde. Demeurez dans ce couvent pour y partager avec moi les douceurs d'une tranquillité qu'on ne peut trouver que dans la retraite. Quel contentement pour moi, si je vous voyais prendre cette résolution !

Ne l'espérez pas, me dit don Manuel. Je vous admire sans pouvoir vous imiter. Nous ne sommes pas tous nés pour le cloître. Il est beau, pour l'honneur du christianisme, qu'il y ait des personnes qui soient détachées de la terre et qui vivent fort austèrement; mais on peut faire son salut dans toutes les conditions de la vie en en remplissant bien les devoirs. Demeurez donc, ajouta-t-il, dans cette sainte solitude, puisque le ciel vous y arrête; mais il a sur moi d'autres vues, il veut que je retourne à Alcaraz, et que je garde la foi jurée à dona Clara.

Tel fut le dernier entretien que j'eus à Barcelonne avec mon ami, et que nous finîmes par des embrassemens mutuels. Adieu, don Chérubin, me dit-il d'un air attendri; puissiez-vous toujours persévérer dans la ferveur qui vous anime! Je soutins avec plus de fermeté que lui notre séparation; et à peine fut-il parti, que je commençai à l'oublier; ce qui me fit croire que j'avais de la disposition à me dépouiller de toute affection terrestre, et que je pourrais acquérir avec le temps cette sainte dureté qui rend un religieux insensible à la voix du sang et de l'amitié.

CHAPITRE V.

Comment après six mois de noviciat la ferveur de don Chérubin se trouve ralentie. De sa sortie du couvent et du nouveau parti qu'il prend. Il rencontre par hasard le licencié Carambola. Sa conversation avec lui : il prend le parti de se mettre encore gouverneur de quelque enfant. Ce qui l'en détourne.

JE portai pendant six mois l'habit de novice avec plaisir, m'acquittant avec ardeur de tous mes devoirs, et comptant bien que je passerais le reste de mes jours dans ce monastère. Malheureusement pour moi, le père Théodore fut obligé de quitter Barcelonne, et de se rendre à Madrid pour y remplir la place de supérieur dans le grand couvent des carmes déchaussés. Pour surcroît de mortification, je perdis en même temps le père Séraphin, qui mourut d'une pleurésie qu'il avait gagnée à force de s'échauffer en exhortant un alguasil malade à faire une bonne fin.

Je fus vivement affligé de la perte de ces deux religieux. Privé de ces guides qui me conduisaient sûrement dans la voie du salut, je demeurai livré à moi-même. Je ne tardai guère à ressentir la tyrannie des passions dont je m'étais cru délivré. Elles portèrent de si vives atteintes à ma vocation, qu'elle n'y put toujours résister. Néanmoins, avant qu'elle y succombât, je fis tous mes efforts pour la soutenir. Je cherchai du secours contre ma faiblesse; et, m'imaginant que j'en trouverais dans les conversations de quelques novices qui me paraissaient bien appelés, je dis un jour à l'un d'entre eux : Mon chère frère, que vous êtes heureux d'avoir oublié le monde et de fournir votre carrière avec tant de courage! Que ne puis-je vous ressembler!

Le novice me répondit : Si vous lisiez dans mon cœur, vous n'envieriez point ma situation. Ma famille m'a forcé de me rendre carme, et je suis réduit à faire de nécessité vertu : jugez si je puis être aussi content de mon état que vous le pensez. Un autre novice me dit que, s'étant fait moine de regret d'avoir perdu une dame qu'il aimait, il sentait bien qu'il était consolé de sa perte, mais qu'il y avait des momens où il se repentait de ne s'être pas servi d'un autre moyen de l'oublier. Je crois que, si j'eusse interrogé tous les novices, j'en aurais encore trouvé plus d'un peu satisfait de sa condition.

Quoi qu'il en soit, je me dégoûtai de la vie monacale; et, reprenant mon habit séculier, je sortis du couvent comme d'une prison, ravi de me revoir en liberté, quoique sans argent; car j'avais donné tout le mien à ces bons religieux, et c'était à quoi il ne fallait plus penser. Je ne pouvais me résoudre à retourner à Alcaraz, ignorant de quel œil dona Paula me regarderait. J'aimais mieux renoncer au plaisir de la voir que de courir le risque d'en être mal reçu; outre que je n'étais pas trop assuré de retrouver mon ami dans don Manuel marié.

Je ne savais donc ce que je devais faire, lorsque le licencié Carambola, que je ne m'attendais plus à revoir de ma vie, s'offrit tout à coup à mes yeux dans la rue. Nous fûmes également étonnés de nous rencontrer tous deux dans la capitale de la Catalogne. Vous à Barcelonne ! lui dis-je en l'embrassant. Vous y êtes bien vous même! me répondit-il; qu'est-ce que vous y êtes venu faire? Une sottise, lui repartis-je. En même temps je lui appris ma dernière équipée. Après m'avoir écouté jusqu'au bout, il me dit que j'avais été bien prompt à me défaire de mon argent, et que je n'aurais dû le livrer qu'à condition qu'il me serait rendu si je n'achevais pas mon noviciat. La faute est faite, interrompis-je, mon ami; n'en parlons plus. Ce qu'il y a de consolant pour moi, c'est que ces bons pères, en me disant adieu, m'ont assuré que j'aurai part aux prières qu'ils feront pour les bienfaiteurs de leur couvent.

Pour obliger le licencié à me raconter à son tour ce qu'il avait fait depuis notre séparation : Pourquoi, lui dis-je, avez-vous abandonné le séjour de Madrid et le petit bâtard confié à vos soins? Le conseiller du conseil des Indes, son père putatif, vous aurait-il congédié par caprice? Non, me répondit-il; c'est moi qui l'ai quitté par raison. Je vais vous en apprendre le sujet.

Monsieur le licencié, me dit un jour ce magistrat, je suis dans l'habitude de me faire lire pendant la nuit quelque livre pour m'endormir; sans cela je ne pourrais fermer l'œil. Mon lecteur ordinaire est tombé malade. Voulez-vous bien prendre sa place jusqu'à ce que sa santé soit rétablie? vous me ferez plaisir. Très-volontiers, monsieur, lui répondis-je, ne sachant pas à quelle peine je m'exposais; et dès le soir même, sitôt qu'il fut au lit, je m'assis à son chevet, ayant devant moi une petite table sur laquelle il y avait un vieux bouquin espagnol, qu'on appelait par excellence au logis, le pavot du patron, avec une tranche de jambon, du pain, un verre, et une bouteille de vin pour rafraîchir le lecteur.

Je pris le livre, et j'en eus à peine lu quelques pages, que mon conseiller s'assoupit. Quand je le crus bien endormi, je suspendis ma lecture pour reprendre haleine, ou plutôt pour boire un coup; mais il se réveilla dans le moment, ce qui fut cause que je me remis promptement à lire. O prodige étonnant! dix lignes de ce livre admirable replongèrent le magistrat dans le sommeil. Alors saisissant d'une main le verre, et de l'autre la bouteille, je sablai un bon coup de vin de Lucène. Je voulus ensuite manger un morceau de jambon, m'imaginant que le juge m'en donnerait le temps; mais je me trompai. Il se réveilla si vite, que je ne pus me satisfaire.

Je reprends aussitôt ma lecture, j'endors mon homme pour la troisième fois; et, pour rendre son sommeil plus profond, je lis jusqu'à trois pages mortelles. Après lui avoir fait avaler une si forte dose d'opium, je crois mon conseiller endormi pour longtemps. Pardonnez-moi, le bourreau se réveille à l'instant; et remarquant que j'ai le verre à la bouche, il s'écria d'un air brusque: Hé, que diable, monsieur le licencié, vous ne faites que boire! et vous, monsieur, lui répondis-je, vous ne faites que vous endormir et vous réveiller! Vous n'avez, s'il vous plaît, qu'à vous pourvoir dès demain d'un autre lecteur. Je ne veux plus prêter si désagréablement mes poumons, quand vous doubleriez mes honoraires. C'est pourtant, reprit le magistrat, à quoi vous devez vous résoudre, si vous souhaitez de continuer l'éducation de mon fils. Voyant qu'il me mettait ainsi le marché à la main, vous connaissez la vivacité biscaïenne, je lui répondis fièrement. Nous nous brouillâmes là-dessus, et le lendemain nous nous séparâmes.

Quelques jours après, poursuivit le licencié, un de mes amis me proposa d'élever le fils d'un gentilhomme catalan. J'acceptai la proposition. Il me présenta au père, qui m'arrêta, et m'amena de Madrid à Barcelonne, où je suis depuis six mois. Êtes-vous, lui dis-je, satisfait de votre poste? Très-satisfait, me répondit-il. Les parens de mon disciple sont de bonnes gens. J'ai bien la mine de demeurer long-temps chez eux. L'enfant, qui ne fait que d'entrer dans sa huitième année, est un enfant que le père et la mère idolâtrent et gâtent par l'aveugle complaisance qu'ils ont pour lui. Quelque espiéglerie qu'il fasse, on n'en fait que rire; on lui passe tout. Il m'est défendu non-seulement d'en venir avec lui aux voies de fait, mais même de le gronder, de peur de le rendre malade en le chagrinant. Aussi, bien loin de le corriger quand il le mérite, j'applaudis à ses actions. En un mot, j'encense l'idole, et je m'en trouve bien. Par là je me fais aimer de mon élève et de ses parens, qui ont pour moi des considérations infinies.

Je félicitai Carambola sur son heureuse situation; après quoi, nous étant embrassés réciproquement, nous nous séparâmes tous deux avec promesse de nous revoir. Lorsque je l'eus quitté, je me replongeai dans les réflexions. Quel parti vais-je prendre, disais-je, pour me tirer de l'indigence où je me trouve? Si j'avais mon habit de bachelier, je me remettrais dans le préceptorat. Mais ne puis-je, sous celui dont je suis revêtu, faire à peu près le même métier? Pourquoi non? Je n'ai qu'à chercher quelque grande maison où l'on ait besoin d'un gouverneur pour conduire un jeune homme qu'on veut mettre dans le monde. Je ferai ce personnage aussi bien que celui de précepteur.

Je m'arrêtai à cet emploi, que je me proposai d'exercer dès que l'occasion s'en présenterait. Cependant le ciel, qui avait d'autres vues sur moi, en ordonna autrement, et changea tout à coup la face de ma fortune par un événement auquel je ne me serais jamais attendu, et qui fut précédé d'un songe trop singulier pour n'être pas raconté.

CHAPITRE VI.

Du songe que fit don Chérubin, et du changement subit qui arriva dans sa fortune. Mécontentement qu'il reçoit des religieux. Il devient un riche héritier. Son inclination pour Narcisa.

Je rêvai que j'étais dans la ville de Mexique, dans un superbe appartement, où je voyais mon frère don César en robe de chambre, assis dans un fauteuil, et dictant les articles de son testament à un notaire qui les écrivait. Il y avait auprès de lui un coffre-fort, d'où tirant des sacs remplis de pièces d'or, il me les montrait, en me disant : Tiens, don Chérubin, mon cher frère, voilà le fruit de mon voyage et des mouvemens que je me suis donnés dans les Indes pour m'enrichir. Je te laisse en mourant tous ces biens, ils sont à toi. Ensuite il me faisait manier des doublons, que j'étais si aise de toucher, que je me réveillai de plaisir croyant en tenir une poignée.

Ce songe fit une si forte impression sur moi, que j'en fus tout ému à mon réveil. Au lieu de le regarder comme une chimère, je pensai sérieusement que c'était un secret avis que mon bon génie me donnait de quelque bonheur prochain. Cela se peut, disais-je; après toutes les histoires que j'ai ouï conter là-dessus, je crois qu'il y a des songes mystérieux; et si cela est, le mien en doit être un certainement. Mon frère est peut-être mort, et laisse après lui des richesses qui m'appartiennent. Je fus surtout si frappé de cette idée, que, si j'eusse été bien en argent, j'aurais, je crois, été assez fou pour aller recueillir sa succession dans la Nouvelle-Espagne. Enfin, sur la foi de ce songe, je me levai plein de joie, et, pressentant une bonne fortune, j'allai me promener dans la ville.

Comme je traversais le marché de Notre-

Dame-del-Mar, j'aperçus à la porte de l'église du même nom plusieurs personnes qui lisaient attentivement une pancarte qu'on y venait d'afficher. Curieux de la lire aussi, je fendis la presse pour m'en approcher, et je ne fus pas peu surpris de la trouver conçue dans ces termes : *Le public est averti qu'un particulier nommé don César de la Ronda, venu des Indes occidentales avec de l'argent et des marchandises, à Séville, y est mort deux jours après son arrivée. Ceux ou celles qui sont en droit de prétendre à sa succession n'ont qu'à se rendre à Séville avec leurs titres, et on leur délivrera ses effets, suivant l'inventaire qui en a été fait par ordre de nosseigneurs les juges du commerce.*

Je lus jusqu'à quatre fois cette affiche, n'osant me fier tout-à-fait au rapport de mes yeux; néanmoins, ne pouvant plus douter de mon bonheur, j'entrai dans l'église pour en remercier Dieu. Je n'oubliai pas don César dans ma prière. Je pleurai sa mort, mais de manière qu'on n'aurait pu distinguer si mes pleurs étaient des marques de douleur ou de joie. Il ne tiendrait qu'à moi, pour faire honneur à mon naturel, de dire que je ne fus sensible qu'au trépas de mon frère; mais, outre qu'on pourrait douter de ma sincérité, je suis ennemi du mensonge, et j'avouerai franchement que je pleurai don César comme un bon cadet pleure un aîné qui l'enrichit.

Tout ce qui me faisait de la peine, c'est qu'il me fallait des espèces pour m'aller mettre en possession des biens que le ciel m'envoyait si à propos, et je n'en avais point. J'étais sorti du couvent les poches vides; et, me voyant sans ressource, je me trouvais fort sot, tout riche héritier que j'étais. A force pourtant de rêver, il me vint dans l'esprit un moyen qui me parut sûr pour avoir de quoi faire le voyage de Séville. Les pères Carmes, dis-je en moi-même, me prêteront volontiers une cinquantaine de pistoles. Ce sont de bons religieux, qui ne demanderont pas mieux que d'obliger un homme qui leur a fait un don assez considérable.

Dans cette confiance je m'adressai au supérieur qui avait succédé au père Théodore ; je lui exposai ma situation, et le priai de me faire donner cinquante pistoles, lui promettant de les lui rendre avec usure aussitôt que j'aurais recueilli la succession de mon frère. Le bon religieux, après m'avoir écouté avec attention, me répondit froidement qu'il ne pouvait me faire ce plaisir sans avoir auparavant tenu chapitre sur cela; et là-dessus il me remit à la quinzaine, c'est-à-dire aux calendes grecques. Je ne m'attendais pas à ce refus après leur avoir fait la donation de ce que j'avais lorsque je voulais être des leurs. Ce qui me fait dire que tous ceux qui aiment qu'on les oblige n'aiment pas à obliger, et surtout les moines : rien ne se fait chez eux qu'on ne tienne chapitre ; paroles dont ils endorment la plupart de ceux qui leur demandent des grâces.

Peu satisfait de la reconnaissance monacale, je retournai tristement à l'hôtellerie où j'étais logé. Mon hôte, qui se nommait Geronimo Moreno, remarquant que j'avais un air mécontent, m'en demanda le sujet. Je ne lui en fis pas un mystère, et il ne lui en fallut pas davantage pour se déchaîner contre les moines, ce qu'il avait coutume de faire toutes les fois qu'il entendait parler d'eux, de quelque ordre qu'ils fussent. A cela près, c'était un bon homme, plein de franchise, obligeant et généreux: Seigneur don Chérubin, me dit-il, consolez-vous de l'ingratitude de ces révérends pères. Vous n'avez pas besoin de leur bourse pour faire votre voyage; Geronimo Moreno n'est pas, Dieu merci, hors d'état de prêter de l'argent à un honnête homme. S'il ne vous faut que cinquante pistoles pour aller à Séville, je les ai à votre service. Vous me paraissez un garçon d'honneur; je vous prêterais tout mon bien sur votre parole.

Je remerciai mon hôte de l'offre qu'il me faisait, et je le pris au mot. Il me compta cinquante pistoles. Je lui en fis mon billet, et deux jours après je m'embarquai sur un vaisseau génois qui allait à Séville. Il y avait à bord plusieurs passagers, et entre autres un vieux marchand de Tortose, que l'intérêt de son commerce appelait en Andalousie. Je liai connaissance avec ce Catalan; et la sympathie qui se trouva entre nous fit naître une amitié qui devint si forte, qu'en arrivant à Séville, il me dit : Ne nous séparons point. Je sais une hôtellerie où nous serons bien et chez de bonnes gens. J'y consentis, et nous allâmes tous deux dans la rue de Louxa, loger à l'enseigne du Perroquet.

Le maître de cette hôtellerie, sa femme et sa fille me parurent si joyeux de revoir le marchand de Tortose, que je jugeai bien qu'ils se connaissaient de longue main. Voici, leur dit-il, un cavalier que je vous amène, et que je vous prie de regarder comme un autre moi-même. Il suffit, lui répondit l'hôte fort poliment, que ce gentilhomme soit de vos amis pour mériter toutes nos attentions. L'hôtesse, qui pouvait avoir quarante ans, et qui ne démentait point la réputation que les femmes de Séville ont d'être flatteuses et coquettes, ne put s'empêcher d'ajouter à la réponse de son mari qu'un cavalier fait comme moi devait être assuré qu'on aurait pour lui tous les égards imaginables.

Le soir, quand il fut temps de souper, l'hôte, appelé maître Gaspard, nous demanda si nous voulions être servis en particulier. Non, non, lui répondit le vieux

Catalan, nous mangerons avec vous et votre aimable famille, nous aimons la compagnie. Nous nous mîmes donc à table avec l'hôte, l'hôtesse et la jeune Narcisa leur fille, qui joignait au vif éclat de la jeunesse des traits réguliers, un air riant, et des yeux pleins de feu qui invitaient à la regarder. Aussi j'eus souvent la vue sur elle pendant le repas. De son côté, elle ne fut point avare d'œillades, et elle m'en lança quelques-unes qui me donnèrent fort à penser. Je crus y démêler un désir de me plaire qui fit promptement son effet. Je me troublai. Je me sentis agité de tendres mouvemens; et mon cœur, que le séjour du couvent n'avait fait que rendre plus combustible, s'enflamma tout à coup pour la belle Narcisa.

Le marchand de Tortose, qui peut-être s'en aperçut, et voulut servir ma tendresse naissante, en me faisant passer pour un homme opulent, parla de l'affaire qui m'amenait à Séville. Il éblouit par là le père et la mère, et multiplia les regards favorables que je reçus de la fille. Maître Gaspard m'offrit ses services. Il me proposa de me mener le lendemain chez un jurisconsulte de sa connaissance, dont la principale occupation était de faire rendre justice aux étrangers qui venaient à Séville pour des affaires de commerce. Cet homme-là, poursuivit-il, vous apprendra de quelle façon vous devez vous conduire pour n'être pas friponné par les officiers dont vous serez obligé d'employer le ministère ; ou plutôt, si vous voulez, il se chargera de tous les soins qu'il faut prendre pour cela, et vous en serez quitte pour une petite marque de reconnaissance, car c'est un homme fort désintéressé.

Le vieux marchand me conseilla d'accepter la proposition de l'hôte, ce que je fis sans hésiter. Après quoi l'heure de nous coucher étant venue, nous nous retirâmes, le Catalan et moi, dans les chambres qui nous avaient été préparées, et qui étaient assez propres pour des chambres d'hôtellerie. Je me mis au lit, où je m'occupai d'abord des charmes de Narcisa, préférablement à la fortune brillante dont j'étais sur le point de jouir ; mais, l'image de la fille de Gaspard cédant à son tour à l'idée des richesses, je m'endormis sur l'or et sur l'argent.

CHAPITRE VII.

Don Chérubin va à Salamanque et revient à Séville avec ses papiers : il reçoit la succession de son frère ; devoirs funèbres qu'il rend à sa mémoire. Suite de son amour pour Narcisa.

Le jour suivant, mon hôte, pour me faire voir qu'il était homme de parole, me mena chez le jurisconsulte en question, et me présentant à lui : Seigneur don Mateo, lui dit-il, vous voyez un gentilhomme qui est logé chez moi. Il n'entend pas trop bien les affaires, et il aurait besoin de vos conseils. Là-dessus le docteur me demanda gravement ce qui m'amenait à Séville. Je le mis au fait. Ensuite il me dit : Il faut avant toutes choses avoir votre extrait baptistaire en bonne forme, avec un certificat qui prouve que vous êtes frère dudit César de la Ronda, depuis peu mort à Séville. Ne perdez point de temps. Partez tout à l'heure pour aller chercher ces pièces à Salamanque.

Apportez-les-moi, et comptez que je vous ferai remettre aussitôt les effets de votre frère, malgré tous les tours de passe-passe qu'on voudra faire pour en retarder la délivrance.

L'impatience que j'avais d'être muni des papiers qui m'étaient nécessaires pour tirer des griffes de la justice de Séville les biens qui m'appartenaient, ne me permit de différer mon départ que du temps qu'il me fallait pour m'y préparer, et me fit faire tant de diligence, qu'au bout de quinze jours on me vit revenir pourvu de mon extrait baptistaire et de certificats, tant du corrégidor que de tous les autres magistrats de Salamanque; de sorte qu'on ne pouvait me nier que je fusse fils de mon père, et par conséquent frère dudit don César. Aussi quand don Mateo eut examiné mes paperasses, il s'écria, comme par enthousiasme : Vive Dieu! voilà des pièces victorieuses! De plus, me dit-il, je vous apprends que pendant votre absence j'ai vu les juges du commerce, qui m'ont dit que votre frère a fait un testament la veille de sa mort, et vous a nommé son légataire universel. Ainsi vous serez en peu de temps maître de ses biens, ou je ne veux jamais me mêler d'aucune affaire, quelque bonne qu'elle puisse me paraître.

Comme ce jurisconsulte me sembla mériter ma confiance, je la lui donnai tout entière; et je n'eus pas sujet de m'en repentir, puisqu'en trois semaines il me mit en possession de tous les effets de don César, lesquels consistaient en barres d'argent, en pistoles d'Espagne, et en marchandises de défaite. Pour dire les choses comme elles se passèrent, il ne laissa pas de m'en coûter beaucoup pour arracher ces richesses des mains qui les tenaient en dépôt, et elles ne me furent délivrées qu'après tant de formalités, qu'on peut dire que les officiers de la justice furent mes cohéritiers. Néanmoins, malgré le suc que ces frelons tirèrent de mes marchandises, mon jurisconsulte honnêtement récompensé, après une infinité de droits payés, tout compté, tout rabattu, je me trouvai encore de net la valeur de quatre-vingt mille écus.

Quelle bénédiction! Le premier usage que je fis d'une si bonne fortune fut de donner des marques publiques de ma reconnaissance à la mémoire de mon frère. J'ordonnai pour le repos de son âme des services solennels dans toutes les églises de Séville. J'occupai pour mon argent le clergé, tant séculier que régulier, à prier Dieu pour lui. Je fis connaître enfin que don César de la Ronda n'avait pas choisi un mauvais frère pour son héritier. Lorsque je me fus acquitté des soins que je devais à sa cendre, je songeai à mes affaires. Je vendis mes marchandises, et j'en déposai l'argent, par le conseil du marchand de Tortose, entre les mains du seigneur Abel Hazendado, qui avait la réputation d'être le plus sûr banquier qu'il y eût alors dans Séville.

Tandis que je mettais ainsi mon bien en règle, maître Gaspard, chez qui j'étais toujours logé avec le vieux Catalan, avait pour moi de grandes considérations, aussi-bien que sa femme; et la belle Narcisa me prodiguait les plus doux regards. Le marchand, de son côté, me vantait sans cesse le mérite de cette fille. Il louait son esprit et son bon caractère, sans oublier sa vertu. Je voyais bien où il en voulait venir. Il souhaitait autant que l'hôte et l'hôtesse, qu'il me prît envie d'épouser cette aimable personne dont il était le parrain, et peut-être même quelque chose de plus. J'avais assez de disposition à faire cette folie; je crois même que je l'aurais faite, si je n'eusse pas eu le bonheur d'en être préservé par une nouvelle que j'appris, et qu'on lira dans le chapitre suivant.

CHAPITRE VIII.

Don Chérubin rencontre Miléno : ce qu'il lui apprend, et de la nouvelle qui l'empêche d'épouser la fille de maître Gaspard, ce qui fut cause qu'il s'éloigna de Séville avec autant de précipitation que s'il eût fait quelque mauvais coup

Il est constant que j'aimais Narcisa, et que, m'imaginant en être uniquement aimé, j'étais sur le point d'en faire la demande à son père, lorsque le hasard me fit rencontrer Miléno, que je croyais encore au service de Pédrilla. Hé ! te voilà, lui dis-je, mon cher Miléno! Don Manuel serait-il à Séville? Je ne suis plus à lui, répondit-il. Nous nous sommes séparés tous deux à l'occasion d'un différend que j'ai eu avec son cuisinier pour la soubrette de dona Paula. Le cuisinier et moi, nous étions fort épris de la petite personne, nous devînmes jaloux l'un de l'autre, nous nous battîmes; je blessai mon homme, et je pris aussitôt la fuite. Je suis venu à Séville, où j'ai l'honneur de servir un jeune chanoine qui sait accorder avec son bréviaire le plaisir d'avoir une maîtresse. Il voit secrètement, par le ministère d'une officieuse vieille et par le mien, la fille d'un maître d'hôtellerie.

Ces dernières paroles me firent frémir; je demandai en tremblant à Miléno s'il savait le nom de cet hôtellier. Il s'appelle, répondit-il, maître Gaspard, et sa fille se nomme Narcisa. Vous la connaissez apparemment, ajouta-t-il, puisque vous changez de visage en entendant prononcer son nom? Vous prenez quelque intérêt à cette dame? Plus que tu ne peux penser, repris-je, mon enfant. Je suis amoureux de cette beauté perfide. J'allais en faire mon épouse. Tu me rends un bon office en me donnant un avis dont je t'assure que je profiterai.

Si j'eusse su, me dit-il, que vous étiez dans le dessein de lier votre sort à celui de Narcisa, je me serais bien gardé de vous révéler la faiblesse qu'elle a pour le licencié don Blas Mugérillo mon maître. Il ne faut nuire à personne, et je serais fâché que mon rapport vous empêchât d'épouser une charmante fille qui n'a qu'une petite galanterie sur son compte. Monsieur Miléno, répliquai-je, cessez, s'il vous plaît, de faire avec moi le mauvais plaisant, et continuez de servir si honnêtement votre chaste maître. Apprenez-moi des nouvelles de don Manuel. N'est-il pas l'époux de dona Clara? Non, vraiment, répondit-il. Vous ne savez donc pas qu'à son retour de Barcelonne à Alcaraz, il apprit que cette dame était dans un couvent de filles de Ninaterra, et qu'elle y avait pris le voile; de sorte qu'elle est perdue pour lui, selon toutes les apparences. Hé! dans quelle situation, repris-je, as-tu laissé dona Paula? Dans la situation, repartit-il, d'une fille qui aurait été bien aise de subir avec vous le joug de l'hyménée, et qui, se croyant dans la nécessité de renoncer à cette espérance, a pris le mariage en aversion et ne veut plus en entendre parler.

Je voulais avoir un plus long entretien avec Miléno, mais il ne me fut pas possible de l'arrêter. Il me quitta tout à coup en me disant : Adieu, seigneur don Chérubin ; pardon si je ne demeure pas plus long-temps avec vous. Je suis pressé. Mon maître donne à souper ce soir à cinq ou six de ses confrères : je vais chez le traiteur ordonner un repas digne de leur sensualité.

Après la retraite de Miléno, je fis bien des réflexions. Parbleu, dis-je en moi-même, il y a des physionomies furieusement trompeuses ! Qui n'aurait pas cru comme moi Narcisa sage et vertueuse ? Il faut avouer que mon front vient de l'échapper belle ! Ensuite venant à don Manuel, et le plaignant d'avoir perdu une maîtresse aussi estimable que dona Clara, je partageais sa douleur. Si j'étais, dis-je, à Alcaraz présentement, je lui serais d'un grand secours. Qui m'empêche d'y aller ? La consolation d'un ami, l'intérêt de mon repos, tout m'excite à faire ce voyage. Tout indigne que Narcisa est de ma tendresse, je me sens retenir par ses charmes, et j'ai besoin, pour l'oublier, de revoir dona Paula. Enfin toutes mes réflexions aboutirent à me déterminer à prendre au plus tôt le chemin d'Alcaraz. Je sortis secrètement de Séville; mais, en partant je fis tenir à la fille de maître Gaspard un billet, par lequel je lui mandais qu'étant obligé de m'écarter d'elle pour quelque temps, j'avais chargé un jeune chanoine de la cathédrale du soin de la consoler pendant mon absence.

CHAPITRE IX.

Don Chérubin se rend à Alcaraz. Dans quel état il y trouva don Manuel de Pédrilla et dona Paula sa sœur. De l'accueil qu'ils lui firent. Son amour se renouvelle pour la sœur de don Manuel.

Après avoir été mal nourri, mal couché sur la route, et m'être fort ennuyé pendant six jours, j'arrivai à Alcaraz. J'allai descendre chez Pédrilla, qui crut voir un fantôme lorsque je parus devant lui. Est-ce une illusion? s'écria-t-il. Est-ce don Chérubin de la Ronda que je vois?

Oui, lui répondis-je, mon ami, c'est lui-même. C'est moi que vous avez laissé à Barcelonne sous un habit que ma faible vertu ne m'a pas permis de porter jusqu'au bout. En même temps je lui contai de quelle façon, ma ferveur s'étant ralentie, je n'avais pu achever mon noviciat. Et les moines, me dit-il, vous ont-ils du moins rendu une partie de l'argent que vous leur aviez donné en prenant le froc? Non, lui repartis-je, c'est de quoi il n'a pas été question. Mais je serais content d'eux, s'ils n'eussent pas refusé de me prêter cinquante pistoles que je leur demandai quelques jours après ma sortie. A ces mots, don Manuel haussa les épaules d'une manière qui valait la plus vive déclamation contre les moines. Souffrez, reprit-il ensuite, que mon amitié vous reproche de ne m'avoir pas mandé l'état où vous étiez. Ne savez-vous pas qu'entre Espagnols c'est offenser un ami que de ne pas recourir à lui quand on a besoin de sa bourse ou de son épée?

Pour réparer votre faute, continua-t-il, vous demeurerez toujours avec moi et partagerez ma fortune. Tout ce que j'exige de votre reconnaissance, c'est d'être persuadé que votre mauvaise situation ne lassera jamais mon amitié. Je dirai plus, je vous ai promis ma sœur, et je vous renouvelle cette promesse. Elle conserve encore les sentimens qu'elle avait pour vous avant votre départ pour Barcelonne; car ne vous imaginez pas que, pour l'avoir quittée, vous ayez perdu la place que vous occupiez dans son cœur. Elle a pleuré votre inconstance sans se plaindre de vous.

Je ne pus entendre parler ainsi Pédrilla sans m'attendrir; et le serrant étroitement entre mes bras : Ah! mon cher don Manuel, m'écriai-je, quel bonheur pour moi d'avoir un ami si parfait! et qu'il m'est doux d'apprendre que je puis encore aspirer à la possession de dona Paula! J'en ai d'autant plus de joie, que je ne suis point dans l'état indigent que vous pensez. J'ai quatre-vingt mille écus à lui offrir avec ma foi. Est-il possible, interrompit don Manuel, que la fortune ait répandu tant de biens sur vous en si peu de temps?

Alors je rendis compte à mon ami de ce qui m'était arrivé depuis ma sortie du couvent; et mon détail lui fit tant de plaisir, qu'il me conduisit aussitôt à l'appartement de sa sœur, à laquelle il dit en entrant tout transporté de joie: Grande, grande nouvelle! Voici don Chérubin de la Ronda, qui revient à vous plus amoureux que jamais. Oui, madame, dis-je à dona Paula, l'amour me ramène à vos pieds. Le ciel, content des efforts que j'ai faits pour me détacher de vos charmes, vous renvoie un amant qu'il n'a pas voulu vous enlever. Je vous pardonne ces efforts, me répondit-elle en souriant; ma fierté n'en est point offensée, et je respecte trop la cause de votre changement pour vous le reprocher.

Que vous êtes heureux l'un et l'autre! s'écria mon ami; vous touchez au moment qui va combler vos souhaits. Pour moi, misérable jouet de l'amour, j'ai perdu l'espérance de posséder dona Clara. Je viens d'apprendre qu'elle a fait profession, et que la cruelle me laisse le pénible emploi de l'oublier. Don Chérubin, ajouta-t-il, vous ne vous attendiez pas à cette nouvelle. Je la savais déjà, lui répondis-je : Miléno, que j'ai rencontré à Séville, m'a tout dit. J'ai ressenti vivement vos peines ; mais j'espère qu'en les partageant avec vous, j'aiderai à les adoucir.

Je demeurai donc chargé de deux soins, de consoler le frère, et de faire ma cour à la sœur. Je m'en acquittai si bien, que je diminuai le chagrin de l'un, et que j'augmentai l'amour de l'autre. Il est vrai que, si je redoublai les feux de dona Paula, de son côté cette dame irrita les miens, et leur rendit leur première vivacité.

CHAPITRE X.

Par quel hasard don Chérubin apprend des nouvelles de dona Francisca sa sœur, et de quelle façon il en fut affecté. Il se marie à dona Paula. Honneurs qu'il reçoit.

Je passais fort agréablement le temps avec la plus brillante jeunesse d'Alcaraz, en attendant que je devinsse l'heureux époux de dona Paula, lorsque, étant un soir dans une des principales maisons de la ville, je vis arriver un grand homme maigre, à qui la compagnie s'empressa de faire beaucoup de civilités. Je considérai ce cavalier, que je reconnus d'abord pour don Denis Langaruto, ce chevalier de saint Jacques que j'avais vu chez ma sœur à Madrid. Il me remit aussi, et venant se jeter à mon cou : Le seigneur don Chérubin, me dit-il, veut bien que je l'embrasse? Je suis ravi de le revoir. Pour ne pas demeurer en reste de politesse avec ce gentilhomme, je lui témoignai une joie égale à la sienne, et Dieu sait pourtant à quel point cette rencontre nous était indifférente à tous les deux.

Nous soupâmes ensemble dans cette maison. Comme nous étions dix ou douze à table, la conversation ne pouvait être toujours générale : chaque convive de temps en temps s'entretenait tout bas avec son voisin. Ainsi me trouvant auprès de don Denis, nous nous adressions souvent la parole à demi-voix de part et d'autre. Seigneur don Chérubin, me dit-il, j'ai pris, je vous assure, toute la part possible au triste accident qui est arrivé au mari de votre sœur, don Pédro Retortillo. Je lui demandai d'un air surpris ce que c'était que cet accident. Comment donc! reprit-il; vous ignorez que don Pèdre, étant à la chasse il y a trois mois, tomba de cheval, et se blessa de façon qu'il ne vécut pas deux heures après sa chute? Voilà ce que je ne savais pas, lui dis-je; et cela ne doit pas vous étonner; je suis brouillé avec ma sœur depuis son mariage avec don Pèdre, et nous avons rompu tout commerce ensemble.

Mais, de grâce, ajoutai-je, seigneur don Denis, apprenez-moi si ce que vous venez de me dire est véritable. Vous n'en devez pas douter, répondit-il ; ce malheur est arrivé à votre beau-frère auprès de Cuença, dans son château de Villardesaz, où il s'était retiré avec sa femme quelques jours après l'avoir épousée.

Je fus si ému de cette nouvelle, que j'en eus l'esprit tout occupé le reste de la soirée. Ma sœur, pour qui je ne croyais plus avoir que de l'indifférence, s'offrit à ma pensée d'une manière qui me fit sentir que je m'intéressais encore pour elle. La cause de notre brouillerie ne subsistant plus, le sang reprit aisément ses droits.

Sitôt que je revis don Manuel, je l'informai du funeste accident que don Denis m'avait appris. Ensuite je lui témoignai un désir curieux de savoir en quel état pouvaient être alors les affaires de ma sœur. Je n'ai pas moins d'envie que vous d'en être instruit, me répondit mon ami. Nous irons, si vous voulez, au château de Villardesaz consoler cette belle veuve de la mort de son époux, et nous reverrons en même temps

Isménie, que je crois toujours avec elle. Mais, ajouta-t-il, je suis d'avis que nous remettions ce voyage après vos noces. Je consentis à ce délai d'autant plus volontiers, que j'avais beaucoup d'impatience d'être beau-frère de don Manuel de Pédrilla.

On fit donc les apprêts de mon mariage avec magnificence, et j'épousai dona Paula, qui lia son sort au mien avec une satisfaction qui rendit mon bonheur parfait. Ce ne fut pendant quinze jours que concerts, que bals, que festins : quand j'aurais été un grand seigneur, je ne crois pas que mon hymen eût été célébré par plus de fêtes et de réjouissances.

CHAPITRE XI.

Avec quel cavalier don Chérubin fit connaissance, et ce qui s'en suivit. Il part avec don Manuel pour le château de Clévillente; ce qu'il y reconnut.

PARMI les jeunes gentilshommes qui se trouvèrent à mes noces, il y en eut un surtout qui me frappa par son air noble et agréable. D'abord que je le vis, je demandai à don Manuel qui était ce beau cavalier-là. Il s'appelle, me dit-il, don Grégorio de Clévillente.

A ce mot de Clévillente, je changeai de visage, et me troublai, ne doutant nullement que ce gentilhomme ne fût le séducteur de ma sœur Francisca. Néanmoins je dérobai mon trouble aux yeux de Pédrilla, qui poursuivit ainsi : Il revient de Calatrave, et passe par Alcaraz pour retourner à son château qui est auprès d'Alicante. Je me sais très-bon gré d'avoir fait connaissance avec lui ; il me paraît un cavalier accompli.

Si don Grégorio charma don Manuel, don Manuel ne plut pas moins à don Grégorio, qui s'arrêta quinze jours à Alcaraz, pendant lesquels il se forma entre ces deux gentilshommes une amitié si vive, que j'en fus d'abord un peu jaloux. Mais ma jalousie ne put tenir contre les avances que me fit Clévillente pour devenir de mes amis ; de sorte qu'oubliant ce qui pouvait s'y opposer, je répondis de bonne foi aux sentimens affectueux et sincères qu'il me témoigna. Ce cavalier, la veille de son départ, en nous marquant le regret qu'il avait de nous quitter, nous proposa de nous mener à son château pour quelques jours ; ce qu'il fit avec des instances si pressantes, que nous y consentîmes. Je partis donc pour le château de Clévillente, non que je me fisse un plaisir de voir un séjour que le frère de ma sœur ne pouvait regarder sans peine, mais entraîné par une secrète inspiration du ciel qui voulait par mon ministère accomplir ses desseins.

Le premier objet qui frappa ma vue dans ce château, fut un garçon de dix à douze ans qui vint se jeter dans les bras de don Grégorio, qui, l'ayant fort caressé, nous le présenta en disant : Vous voyez le fruit de mes premières amours. Nous trouvâmes ce petit garçon fort joli ; nous l'embrassâmes don Manuel et moi, et nous félicitâmes le père d'avoir un fils d'une si belle espérance. Clévillente se montra sensible aux complimens que nous lui fîmes là-dessus, et nous dit : Cet enfant m'est d'autant plus cher, qu'il sort d'une mère que je ne puis me consoler d'avoir perdue.

Il accompagna ces paroles d'un soupir

que je relevai dans l'intention de l'engager à nous raconter une histoire dans laquelle je craignais que ma sœur ne fût intéressée. Seigneur, lui dis-je, il est bien triste de se voir enlever par une mort prématurée un objet chéri. La personne dont je pleure la perte, interrompit-il, n'est point morte; je ne le crois pas du moins. Mais il y a dix ans qu'elle disparut subitement de ce château; et quelques perquisitions que j'en aie pu faire, je ne sais ce qu'elle est devenue.

Vous nous donnez, dit don Manuel, une grande idée des charmes de cette dame. Elle devait être ravissante, puisque après dix ans vous prenez encore plaisir à vous souvenir d'elle. Ce n'était pas, répondit-il, une beauté achevée; cependant on ne pouvait la voir sans l'aimer, tant elle avait l'air gracieux. Vous en allez juger par vous-même, ajouta-t-il, si vous voulez me suivre. A ces mots il nous mena dans son cabinet, où parmi plusieurs portraits était celui de ma sœur. Je le reconnus d'abord, tant il était ressemblant. Toute la différence que j'y trouvais, c'est que la copie avait un vif éclat de jeunesse que l'original commençait à n'avoir plus.

Voilà, nous dit Clévillente, en nous montrant du doigt le portrait en question, les traits de la mère de Francillo. N'ai-je as raison de regretter une si charmante personne? Je ne fis pas semblant de reconnaître Francisca dans ce portrait; cependant je demeurai persuadé que Francillo était un enfant de sa façon. Je ne puis, disais-je, m'empêcher de le croire, quoiqu'elle n'ait fait aucune mention de ce bâtard dans le récit de ses aventures; elle aura jugé à propos de supprimer cette circonstance, croyant par cette suppression rendre son histoire plus innocente. Puis changeant de pensée : Peut-être aussi, ajoutai-je, que ce fils naturel est de quelque autre dame que Clévillente aura séduit comme dona Francisca.

Pour savoir mieux à quoi m'en tenir en faisant parler don Grégorio, je lui dis : Vous devez, en effet, être sensible à la perte d'une beauté si touchante : mais comment l'avez-vous perdue? Vous a-t-elle quitté par inconstance, ou si vous lui avez donné sujet de se plaindre de vous? Hélas ! me répondit-il tristement, je suis la cause de notre séparation. C'est ma faute, et c'est ce qui me rend inconsolable. Si dona Francisca m'eût abandonné par légèreté, il y a long-temps que je l'aurais oubliée; au lieu que, reconnaissant mon mauvais procédé à son égard, je ne puis l'ôter de mon souvenir. Je l'avoue, poursuivit-il, je ne puis imputer sa faute qu'à mes parjures. Quand je l'enlevai du couvent où elle était pensionnaire, je promis, je jurai que je l'épouserais; et elle se rendit moins à la violence de mon amour qu'à ce serment. Cependant, loin de lui tenir parole, je l'amusai, je la trompai, et je lassai enfin sa patience. Après une année de séjour, elle s'échappa de ce château, sans pouvoir être retenue par un enfant nouveau-né, qu'elle me laissa pour que sa vue me reprochât sans cesse ma perfidie et ma trahison.

Je fis, continua don Grégorio, chercher partout Francisca sitôt que je sus sa fuite; mais les personnes que je chargeai de ce soin s'en acquittèrent si mal, qu'elles n'en apprirent aucune nouvelle. Depuis ce temps-là je ne suis pas tranquille. J'ai toujours Francisca dans l'esprit, et son image vengeresse me poursuit la nuit et le jour. Je crois la voir; je crois l'entendre, déplorant sa crédulité, se répandre en imprécations contre moi. Peut-être, dis-je à Clévillente, ne vous la peignez-vous pas telle qu'elle est. Peut-être que, n'accusant qu'elle-même de son malheur, le souvenir de ses bontés pour vous ne lui arrache que des larmes. Peut-être enfin régnez-vous encore dans son cœur malgré votre ingratitude.

Ah! si je le croyais, s'écria-t-il, et que je susse où elle est, j'irais détester à ses pieds l'indigne traitement qu'elle a reçu de moi. Oui, j'irais la trouver, quand elle serait au bout du monde. Vous n'auriez pas besoin, lui répliquai-je, de l'aller chercher si loin, si vous étiez effectivement dans la disposition d'expier par un mariage l'atteinte mortelle que vous avez portée à son honneur, et l'affront que vous avez fait à sa famille. Qu'entends-je! me dit don Grégorio d'un air étonné. Don Chérubin, serait-il possible que vous connussiez la dame que représente ce portrait? N'en doutez pas, lui répondis-je, et elle n'est pas inconnue à don Manuel.

A ces paroles Pédrilla considéra le portrait avec plus d'attention; et démêlant les traits de ma sœur : Qu'est-ce que je vois, mon ami? me dit-il d'un air troublé. Je n'ose vous découvrir ma pensée. J'aime mieux croire que mes yeux me trompent en ce moment. Non, non, lui repartis-je; leur rapport est fidèle. Dona Francisca, qui vous est connue sous le nom de Basilisa, est l'original de cette peinture. Clévillente a séduit ma sœur; elle me l'a elle-même avoué. Il l'enleva d'un couvent de Carthagène où elle était pensionnaire, et l'amena dans ce château. C'est un rapt dont l'honneur veut que je demande raison; mais, puisque dona Francisca est veuve, il est un moyen plus doux de contenter l'honneur.

Après les sentimens que don Grégorio vient de faire paraître, dit alors don Manuel, je suis persuadé que sa plus chère envie est d'épouser dona Francisca. Je n'ai pas un autre dessein, s'écria Clévillente; les remords dont je suis la proie depuis dix ns doivent vous en répondre. Enseignez-moi seulement l'endroit d'Espagne que cette dame habite, et j'y vole à l'instant. Je prétends vous y conduire moi-même, lui dis-je, pour être témoin de la joie que vous aurez tous deux à vous revoir. Je crois que don Manuel ne refusera pas de nous accompagner. Non, sans doute, répondit Pédrilla; j'ai mes raisons aussi pour faire ce voyage, indépendamment de la complaisance que vous êtes en droit d'attendre de mon amitié.

CHAPITRE XII.

Du voyage que ces trois cavaliers firent au château de Villardesaz. Ils se travestissent en pèlerins pour entrer dans ce château. De quelle manière ils furent reçus. Entretiens singuliers d'un domestique de dona Francisca. Surprise imprévue de la dernière. Reconnaissance.

Nous prîmes donc tous trois sur-le-champ la résolution d'aller au château de Villardesaz, où je jugeai que ma sœur devait être. Nous nous disposâmes à partir; et, suivis de trois valets montés comme nous sur des mules, nous nous mîmes en chemin pour Cuença, où nous nous rendîmes en moins de six jours.

Lorsque nous fûmes arrivés dans cette ville, nous trouvâmes à propos de nous y arrêter pour nous informer de ce que nous voulions savoir, c'est-à-dire de ce qui se passait au château de Villardesaz, qui n'est qu'à trois quarts de lieue de la ville. Nous apprîmes qu'effectivement le seigneur don Pédro Retortillo s'était tué en tombant de cheval dans une chasse, et que sa veuve, encore affligée de sa mort, menait une vie triste au château, n'ayant avec elle pour toute consolation qu'une dame de ses amies. Quand don Manuel entendit parler de cette amie, il en tressaillit de joie, ne doutant nullement que ce ne fût Isménie, qu'il n'était pas moins ravi de revoir que don Grégorio de retrouver sa chère Francisca.

Comme nous tenions tous trois conseil sur la manière dont nous irions nous présenter à ces deux dames, il me vint une idée folle que mes camarades approuvèrent, et que nous résolûmes de suivre. Nous fîmes faire trois habits de pèlerins, sous lesquels, après avoir laissé nos valets à Cuença, nous nous rendîmes à l'entrée de la nuit auprès du château de Villardesaz. Nous frappâmes à la porte, et nous dîmes à un domestique qui vint nous l'ouvrir que trois pèlerins aragonais qui allaient à Saint-Jacques en Galice demandaient la permission de passer la nuit dans les écuries du château. Le domestique rentra pour nous annoncer, et vint nous dire un moment après que sa maîtresse y consentait; et là-dessus, nous ayant introduit dans le château, il nous conduisit jusqu'au fond d'une salle basse, où il y avait de la paille fraîche et une lampe attachée au mur dans un coin. Amis, nous dit-il, quand il passe par ici des pèlerins, ce qui arrive assez souvent, c'est dans cette salle que nous les faisons coucher. Vous n'y serez point mal; et comme vous ne manquez pas, je crois, d'appétit, je vais vous apporter de quoi le satisfaire. Vous verrez qu'on ne fait point dans ce château les choses à demi.

En achevant ces mots, il se retira, nous

laissant la liberté dont nous avions besoin pour céder à l'envie qu'il nous prit de rire de l'hospitalité qu'on nous faisait. Il était en effet assez plaisant de voir traiter ainsi des pèlerins tels que nous, et cela nous réjouissait infiniment. Nous attendions que le même domestique revînt, et nous n'étions pas peu curieux de savoir en quoi consisterait le soupé dont il nous avait fait fête, lorsqu'un quart d'heure après il rentra dans la salle avec un panier, dans lequel il y avait du pain, du fromage et des ognons. Il était suivi d'un autre valet qui portait une grande cruche de vin de la Manche; et s'approchant de nous d'un air gai : Voici, nous dit-il, des rafraîchissemens que je vous apporte pour vous donner de nouvelles forces. Bourrez-vous-en bien l'estomac, car c'est lui qui porte les pieds.

Ce garçon nous paraissant un gaillard qui ne demandait qu'à parler, nous lui fîmes tous trois tour à tour des questions auxquelles il répondit en serviteur discret et affectionné. Nous lui donnâmes occasion de nous conter le malheur de don Pèdre, ce qu'il nous détailla sans oublier la moindre circonstance. Et madame son épouse, lui dis-je ensuite, a-t-elle été fort touchée de sa mort? Elle l'est bien encore, me répondit-il. Je n'aurais jamais cru qu'une femme pût pleurer si long-temps son mari. Don Pèdre votre maître, lui dit don Grégorio, était apparemment un cavalier fort aimable? Pas trop, repartit le domestique; c'était un mortel d'un assez mauvais caractère, un jaloux, un grondeur, un homme plein de fantaisies. Cependant, malgré tout cela, il avait un je ne sais quoi qui le rendait agréable à madame. Hé! n'y a-t-il personne qui cherche à consoler cette belle veuve? dit don Manuel. Pardonnez-moi, reprit le domestique; outre que la segnora Isménia son amie combat sans cesse sa douleur, il vient ici presque tous les jours un jeune gentilhomme de Cuença, qui me paraît propre à soulager les ennuis du veuvage.

Ce cavalier, continua-t-il, se nomme don Simon de Romeral. Je ne doute point qu'il n'ait envie de succéder au seigneur don Pèdre, et la chose n'est pas impossible. Depuis quelques jours madame me paraît un peu moins affligée qu'à son ordinaire, soit que les discours d'Isménie aient opéré, soit que don Simon commence à plaire.

Le rapport de ce valet me fit craindre que nous ne fussions arrivés trop tard, et que ce don Simon ne se fût déjà rendu maître du cœur de Francisca : si cela est, disais-je en moi-même, ma sœur ne me saura peut-être pas bon gré du soin que je prends de son honneur. Elle ne reverra point avec plaisir son premier amant si elle est actuellement prévenue en faveur d'un autre. Don Grégorio faisait à peu près les mêmes réflexions, et nous commencions l'un et l'autre à douter que notre pèlerinage fût heureux.

A force de faire des questions à ce domestique, qui n'était pas sot, nous nous rendîmes suspects : Messieurs, nous dit-il en branlant la tête, vous m'avez bien la mine d'être de fins pèlerins. Vous n'êtes pas des *picaros*, comme le sont pour la plupart ceux qui portent votre habit. Vous avez tout l'air d'être des gens d'importance. Vous vous êtes déguisés de cette sorte pour jouer quelque comédie, et peut-être même avez-vous choisi ce château pour le lieu de la scène. Si vous avez besoin, ajouta-t-il, d'un quatrième acteur pour représenter votre pièce, je vous offre mes talens.

Nous le prîmes au mot; et voyant que c'était un homme qui pourrait nous être utile, nous nous découvrîmes à lui; et, pour mieux l'engager à nous rendre service, nous lui donnâmes une trentaine de pistoles. Il connut par là qu'il n'avait point mal jugé de nous; et charmé de nos manières à son égard : Messieurs, nous dit-il, disposez de Clarin votre serviteur, vous n'avez qu'à commander. Quel est votre dessein? Que puis-je faire pour vous? Nous connaissons, lui dis-je, la maîtresse de ce château et son amie. Il y a long-temps que nous ne les avons vues, et nous nous faisons une fête de paraître devant elles pour voir si elles nous remettront sous cet habillement. Allez, poursuivis-je, allez dire en secret à dona Francisca, que, si elle est curieuse d'apprendre des nouvelles de don Chérubin de la Ronda, il y a ici un pèlerin qui pourra satisfaire sa curiosité. Si vous n'exigez que cela de moi, répondit Clarin, c'est peu de chose. Je me serai bientôt acquitté de cette commission.

En effet, nous ayant quittés, il revint à nous quelques momens après. Venez avec moi, me dit-il, madame veut vous entretenir. En même temps il me conduisit à un fort bel appartement, où ma sœur était seule avec Isménie. Elles me reconnurent d'abord toutes d'eux. Ah! mon frère! s'écria ma sœur, quelle agréable surprise pour moi de vous revoir! Mais pourquoi vous offrir à ma vue sous cet habillement? Ma sœur, lui répondis-je, vous cesserez de vous étonner que je paraisse devant vous sous cette forme quand vous saurez la cause de mon pèlerinage. Mais permettez auparavant que je vous témoigne la part que j'ai prise à la mort du seigneur don Pèdre. Comme je n'ignore pas que vous êtes très-sensible à la mort de vos époux, je viens ici partager votre affliction.

La veuve, à ce discours, sentit renouveler sa douleur, et ses yeux se couvrirent de larmes. Je crus qu'elle allait se répandre en nouveaux regrets, et je m'attendais à essuyer la bordée; mais heureusement Isménie détourna l'orage en disant à son amie : Ma mignone, vous avez assez pleuré, il est temps de vous consoler; votre frère vient ici dans l'intention d'y contribuer. Oh! pour cela, oui, dis-je, c'est mon dessein; et j'ose vous prédire que les choses vont bien changer de face dans ce château. Je suis accompagné de deux bons pèlerins qui sont dans la résolution d'y faire succéder la joie à la tristesse. Et qui sont ces pèlerins? dit dona Francisca; je ne veux pas les voir que je ne le sache. Souffrez, lui repartis-je, que je ne vous les nomme point, pour vous laisser le plaisir de la surprise. Ordonnez qu'on vous les amène. Alors Isménie ayant appelé Clarin, le chargea d'aller chercher les deux autres pèlerins, qui n'avaient pas peu d'impatience de se montrer sur la scène.

Dès qu'ils y parurent, Isménie reconnut don Manuel; mais ma sœur ne démêla pas dans le moment don Grégorio, qui ne l'eut pas sitôt aperçue, qu'il courut se jeter à ses pieds : Souffrez, madame, lui dit-il, qu'un coupable, entraîné par ses remords, vienne vous demander grâce. Dona Francisca, moins frappée de ces paroles que du son de la voix de Clévillente, se le remit et s'évanouit aussitôt. Je m'étais bien douté que la vue du père de Francillo la troublerait, mais je ne m'étais point attendu qu'elle ferait sur elle une si vive impression.

Nous lui donnâmes, Isménie et moi, promptement du secours ; et, lorsqu'elle eut repris l'usage de ses sens, elle garda quelques momens le silence. Ensuite m'adressant la parole : Mon frère, me dit-elle, vous voyez l'effet de votre imprudence. Ne deviez-vous pas me prévenir avant que d'offrir à mes yeux don Grégorio ? Vous n'ignorez pas les raisons que j'ai d'éviter sa présence. J'ai tort, lui répondis-je, ma sœur; je conviens que j'aurais dû, par un entretien particulier, vous préparer à revoir un amant à qui vous êtes en droit de faire les reproches les plus sanglans, et qui pourtant n'est pas indigne de pardon. Il a reconnu sa faute, et il la pleure depuis dix ans. Permettez-lui de vous exposer ce qu'il a souffert, daignez l'écouter. Je vous réponds de sa sincérité.

Oui, madame, s'écria Clévillente, donnez-moi de grâce un moment d'audience; accordez-le aux prières de mon ami don Chérubin. Quelque prévenue que vous puissiez être contre moi, les choses que j'ai à vous apprendre désarmeront votre ressentiment. Hé! que pouvez-vous dire pour votre justification? répliqua la veuve de don Pèdre. Plût au ciel que vous ne fussiez pas le plus perfide et le plus ingrat de tous les hommes! Je demeure d'accord de ma perfidie, lui repartit don Grégorio; mais que n'ai-je point fait pour l'expier! En même temps il enfila le détail de ses souffrances, que nous lui laissâmes, Isménie et moi, continuer en particulier, et qui ne manqua pas de produire son effet, c'est-à-dire, d'attendrir Francisca; d'où il faut conclure que, si les premières passions ne sont pas toutes à l'épreuve du temps, du moins ce sont des feux mal éteints qui peuvent aisément se rallumer.

Tandis que ces deux amans s'entretenaient tout bas, je les observais, et il me semblait que la colère de ma sœur s'éteignait à vue d'œil. Je crois que mon neveu Francillo ne fut pas oublié dans leur conversation, et qu'il ne nuisit point à leur raccommodement. Pendant ce temps-là, don Manuel et moi, nous apprîmes à Isménie de quelle façon nous avions fait connaissance avec don Grégorio, et tout ce qui s'était passé entre nous et ce cavalier au château de Clévillente.

Vous me ravissez, nous dit Isménie, en m'annonçant le retour d'un parjure que mon amie n'a jamais pu entièrement bannir de sa mémoire; mais, par ma foi, vous ne pouviez l'amener ici plus à propos. Il était temps. Un mois plus tard, vous auriez trouvé dona Francisca remariée. Elle commençait à se sentir du goût pour don Simon de Romeral, et je la voyais disposée à l'épouser. Grâces au ciel, m'écriai-je, nous sommes donc arrivés bien heureusement, pourvu que ma sœur ne s'avise pas de vouloir préférer au premier en date le dernier venu. Fi donc! reprit Isménie, rendez plus de justice à dona Francisca. Quand même son penchant l'entraînerait du côté de don Simon, elle se déclarerait pour Clévillente sans balancer. L'amant offert par l'amour céderait à l'amant présenté par l'honneur.

Quoi qu'Isménie pût dire pour me rassurer là-dessus, je ne laissais pas de craindre que ma sœur ne pensât autrement qu'elle : cependant ma crainte fut vaine. Don Grégorio était un galant de la première classe. Il possédait l'heureux talent de persuader les dames; aussi dona Francisca sentit-elle renaître toute la tendresse qu'elle avait eue pour lui; et comme elle n'était pas de son côté moins habile que ce cavalier dans l'art de plaire, elle le rendit plus amoureux qu'il ne l'avait jamais été. Don Manuel ne revit pas non plus Isménie sans reprendre les sentimens qu'il avait eus pour elle à Madrid; et cette dame lui fit assez connaître, par la manière obligeante dont elle le reçut, que son bonheur ne dépendrait que de lui, s'il l'attachait au plaisir d'être son époux.

CHAPITRE XIII.

Nos trois voyageurs soupent avec dona Francisca et dona Isménia : don Chérubin entretient particulièrement sa sœur. Elle épouse don Grégorio son premier amant. Dona Isménia épouse aussi don Manuel de Pédrilla. Don Chérubin et don Manuel se retirent du château de Clévillente, et partent avec leurs épouses pour Alcaraz; convention qu'ils firent.

Ces deux pèlerins, qui ne s'ennuyaient pas avec leurs maîtresses, furent interrompus par l'arrivée d'un domestique qui vint avertir que le souper était prêt. Là-dessus, la veuve de don Pèdre nous mena dans une salle où il y avait une table couverte de toutes sortes de viandes bien apprêtées. A la vue d'un repas où régnaient l'abondance et la propreté, je me ressouvins du fromage et des ognons que Clarin nous avait apportés dans l'écurie. Je dis à Pédrilla : Beau-frère, voilà des mets qui valent bien ceux qui nous ont été présentés tantôt. Qu'en pensez-vous ?

Cette réflexion excita un éclat de rire général, et nous mit tous en train de nous réjouir. Messieurs, nous dit Isménie, sous votre habillement nous vous avons pris pour trois aventuriers, et nous réglons ici l'hospitalité sur la mine de nos hôtes ; mais des pèlerins tels que vous méritent que nous les recevions comme d'honnêtes gens : aussi sommes-nous, mon amie et moi, très-disposées à vous faire un bon traitement. Je n'ai pas besoin de vous le protester, ajouta-t-elle en regardant avec un sourire mes deux compagnons, vous devez déjà vous en être aperçus. Enfin notre pèlerinage fit la matière de notre entretien pendant le souper, et nous fournit mille plaisanteries qui nous amuserent agréablement jusqu'au milieu de la nuit. Alors plusieurs domestiques qui portaient des flambeaux parurent pour nous conduire aux appartemens qui nous avaient été préparés. Ainsi les trois pèlerins, au lieu de reprendre le chemin de l'écurie pour y coucher sur la paille, allèrent se reposer comme des inquisiteurs dans des lits de duvet.

Le lendemain, dans la matinée, ma sœur m'envoya dire qu'elle voulait avoir une conversation particulière avec moi. Je me rendis à son appartement, où m'ayant fait asseoir au chevet de son lit : Mon frère, me dit-elle, je suis contente de don Grégorio; il se repent de m'avoir offensée. Il en a, dit-il, depuis dix ans des remords qui le suivent comme autant de furies. Il me cherchait partout pour expier par le mariage son mauvais procédé. Il me retrouve, il m'offre sa main, et plus épris de ma personne que jamais, il me jure un éternel amour. Il a rallumé dans mon cœur tous les feux qu'il y avait fait naître à Carthagène, et j'accepte son offre avec transport.

J'applaudis à ce discours de ma sœur. Vous faites bien, lui dis-je; Clévillente est votre premier vainqueur, et le gage de votre amour doit vous le faire regarder comme un époux qui vous rejoint après avoir été long-temps séparé de vous. Ces paroles firent rougir dona Francisca, qui me dit : Je crois, mon frère, que vous voudrez bien me pardonner de vous avoir fait un mystère de ce gage dont vous parlez. Lorsqu'une fille tendre raconte son histoire, il ne faut pas trouver mauvais qu'elle en supprime quelque circonstance. Ah! vraiment, lui répondis-je, ma chère sœur, je vous le pardonne volontiers; mais aussi qu'il me soit permis de vous entretenir aujourd'hui de Francillo. Il n'y a jamais eu d'enfant plus aimable. Quand vous l'aurez vu, vous le plaindrez d'avoir été privé de vos caresses dans sa première enfance, et vous avouerez qu'il mérite bien que son père et sa mère le reconnaissent pour leur légitime héritier. Enfin je plaidai si bien la cause de mon neveu, que dona Francisca s'attendrit sur son sort jusqu'à verser des larmes. Francillo, lui dis-je, n'est plus à plaindre, puisque le ciel rassemble ici ses parens, et que l'hymen va les unir tous deux. Ils fixeront son état, et par là ils donneront un nouveau membre à la noblesse de Valence.

Après nous être entretenus assez longtemps de Francillo, nous parlâmes de la mort de don César notre frère, et du riche héritage qu'il m'avait laissé. Ma sœur (je lui dois cette justice), au lieu de témoigner un avare regret de n'y avoir point eu de part, fut assez généreuse pour m'en féliciter de bonne foi. Il est vrai qu'étant encore mieux que moi dans ses affaires, et sur le point d'épouser un gentilhomme opulent, elle devait être contente de sa fortune. Notre entretien finit par des questions qu'elle me fit sur mon mariage, et elle eut tout lieu de juger par mes réponses que je ne me repentais pas de m'être marié.

Après cette conversation, j'en eus une autre avec don Grégorio, qui, sentant irriter de moment en moment son amour, parut fort impatient de posséder Francisca. Tandis que j'étais avec ce cavalier, don Manuel arriva. Je viens, nous dit-il, de quitter Isménie. J'en suis enchanté; je meurs d'envie de joindre mon sort au sien. Hé bien! messieurs, leur dis-je, puisque vous êtes si amoureux, il faut hâter votre bonheur. C'est un soin dont je me charge. Je vais trouver vos dames, et leur marquer l'impatience que vous avez d'être unis avec elles; je doute fort qu'elles aient la cruauté de vouloir vous faire languir dans cette attente. Véritablement, dès qu'elles virent que leurs amans se soumettaient de si bonne grâce au joug de l'hyménée, elles se conformèrent sans hésiter à leurs intentions.

Quand je vis que les quatre parties intéressées étaient d'accord, nous tînmes un grand conseil sur ce qu'il convenait de faire; et il fut résolu que ce double mariage serait célébré au château de Clévillente pour plus d'une raison. Cela étant arrêté, nous fîmes venir de Cuença nos valets avec notre équipage, et nous nous préparâmes à partir, ce que nous fûmes bientôt en état de faire. Nous quittâmes nos robes de pèlerins pour reprendre nos habits de cavaliers; et ma sœur, ayant laissé au fermier le soin du château de Villardesaz, prit avec nous et tous ses domestiques le chemin d'Alicante, où nous n'arrivâmes qu'au bout de huit jours, n'ayant pas voulu faire plus de diligence, de peur d'incommoder nos dames. Nous ne nous arrêtâmes point dans cette ville, et nous gagnâmes promptement le château de Clévillente, où la veuve de don

Pèdre, se rappelant les chagrins ou peut-être les plaisirs qu'elle y avait eus, ne put retenir ses larmes, qui furent redoublées par la vue de Francillo. Mais cet aimable enfant essuya lui-même les pleurs qu'il faisait couler, et inspira pour lui tant de tendresse à sa mère, qu'elle en fit son idole. Outre qu'elle voyait en lui sa vivante image, il était son fils unique; car elle n'avait point eu d'enfant de ses deux maris.

On ne s'occupa dans le château que des apprêts des nôces de mes beaux-frères. Tandis qu'on y travaillait, j'allai chercher à Alcaraz dona Paula ma femme, sans laquelle la fête n'eût pas été complète. Ce ne fut qu'un voyage de six jours, après lesquels le château de Clévillente me revit avec mon épouse, dont l'heureuse arrivée augmenta la joie qui y régnait. Isménie et dona Francisca lui firent à l'envi des caresses, et trouvèrent en elle une personne disposée à vivre avec ses belles-sœurs en bonne intelligence.

Don Manuel et don Grégorio se donnèrent tant de mouvement pour hâter le jour qui devait combler leurs vœux, qu'il arriva bientôt. Ils reçurent la bénédiction nuptiale de la main de l'évêque d'Origuela, parent de Clévillente, sa grandeur, qui était un moine de l'ordre de saint Dominique, ayant bien voulu prendre la peine de venir au château pour cet effet.

Voilà de quelle façon Isménie et ma sœur furent mariées. Après s'être donné bien du bon temps, elles eurent le bonheur d'épouser deux gentilshommes, qui, par un excès d'amour pour elles, en firent deux dames d'importance. Que l'amour est admirable! Il tire le rideau sur la vie passée d'une coquette, quand il veut la marier à un honnête homme.

Ces deux mariages furent suivis de réjouissances qui durèrent plus de trois semaines. Après quoi, don Manuel et moi, nous priâmes don Grégorio et son épouse de nous permettre de nous retirer à Alcaraz; mais nous eûmes bien de la peine à les y faire consentir. Il y avait si long-temps que ma sœur vivait dans une étroite liaison avec Isménie, qu'elle ne pouvait se résoudre à cette séparation. Cependant elle cessa de s'opposer à notre départ, à condition que, pour être ensemble la moitié de l'année, nous irions, don Manuel et moi, avec nos épouses, passer trois mois de l'été au château de Clévillente, et que don Grégorio et ma sœur viendraient l'hiver demeurer trois autres mois à Alcaraz. Ils nous laissèrent enfin la liberté de les quitter, sur la promesse que nous leur fîmes d'observer exactement la convention.

CHAPITRE XIV.

Farce singulière où se trouve don Chérubin. Sérieuse réflexion sur sa fortune et sur celle de sa sœur. Don Manuel et lui sont volés par un de leurs laquais; ils en prennent un autre; qui il était. Surprise de don Chérubin et de son ami lorsqu'ils le reconnaissent.

Après nous être témoigné de part et d'autre par des caresses mutuelles combien notre séparation nous était sensible, nous partîmes, don Manuel et moi, accompagnés de nos charmantes épouses, laissant don Grégorio et ma sœur fort tristes de notre départ dans leur château. Pour nous, la possession de ce que nous avions de plus cher dans le monde nous consola, et nous eûmes un plaisir infini dans notre petit voyage. Comme nous étions obligés de coucher en chemin, nous nous arrêtâmes dans une bourgade, où nous eûmes le divertissement d'une pièce jouée par des bateleurs; ils l'avaient intitulée *Inès de Càstro*. Sur la réputation que cette tragédie s'était acquise à Madrid, nous procurâmes à nos épouses le plaisir de la voir. Mais nous fûmes bien désolés lorsque nous vîmes paraître, dans une chambre d'auberge où se donnait cette comédie, une femme près d'accoucher; elle nous débita un galimatias auquel on n'entendait rien; ensuite vint un autre acteur âgé de soixante ans environ. Il représentait *don Pédro :* enfin cette pièce, qu'on ne peut nommer comique ni tragique, ne dura qu'un quart d'heure, au grand contentement des spectateurs : ils donnaient après un divertissement composé de danses, de sauts et de voltiges; et pour terminer le spectacle, celui qui avait joué le rôle de *don Pédro* se mit à faire des armes avec son pied droit, la tête en bas. Comme il s'en tirait assez bien, il fut fort applaudi. Mais le plus comique de l'aventure, c'est que madame *Inès*, qui en jouant avait fait beaucoup de grimaces par les douleurs qu'elle sentait de sa grossesse, accoucha le même soir sur le théâtre presqu'en notre présence. Nous nous retirâmes après cette catastrophe : les acteurs nous prièrent de les excuser s'ils ne nous donnaient pas un ballet chinois qui avait fait beaucoup de bruit à Madrid; mais que l'événement imprévu de l'actrice accouchée les en empêchait. Nous eûmes beaucoup plus d'agrément à notre souper. Le lendemain nous arrivâmes de bonne heure à Alcaraz. Nos épouses avaient besoin de repos, et de notre côté nous en avions besoin aussi. Nous jouissions de la félicité la plus parfaite : quoique nous fussions mariés depuis trois mois, nous aimions encore nos femmes plus que jamais. Trop heureux, si le bonheur dont je jouissais en mon particulier avait duré toute ma vie! Mais il était écrit dans la table des destinées qu'il devait m'arriver des malheurs plus grands que ceux que j'avais déjà éprouvés. Les aventures de ma sœur me revenaient sans cesse à l'esprit, et j'admirais la Providence qui ne nous a jamais abandonnés. Une femme aussi coquette jouir de la plus brillante fortune, me disais-je, cela est heureux! Que l'on voit de personnes avoir plus de mérite et plus de vertu que ma sœur dans l'opprobre et dans la misère! Quel est ce monde! Une fille débauchée, comédienne, devenir l'épouse d'un bon gentilhomme! cela ne se voit pas souvent. L'honneur de ma sœur est réparé par ce moyen. Elle est riche, et son mari ne l'est pas beaucoup; ainsi l'un fait passer l'autre. Puisse la fortune nous laisser jouir long-temps de ses bienfaits! Il ne me prendra plus envie de prendre le froc et de donner mon bien à des moines : ceux à qui j'ai eu affaire ont été trop reconnaissans des biens que je leur ai laissés malgré moi. Je peux avoir tort de parler ainsi; je dois peut-être ma nouvelle fortune à l'efficacité de leurs prières. Don Manuel vient de mettre le comble à mon bonheur en me faisant la donation de la moitié de son château : les personnes les plus distinguées d'Alcaraz nous honorent de leurs visites, et la meilleure société est la nôtre. La promenade, la chasse, la pêche, le jeu, la lecture, sont nos occupations et nos amusemens.

Nos plaisirs furent troublés par un accident imprévu qui nous arriva. Le feu prit pendant la nuit dans notre château, et consomma presque la moitié de nos effets; heureusement que nous eûmes le temps de faire enlever ce que nous avions de plus précieux, et quelques réparations remirent les choses dans le même état qu'elles étaient avant. Nous nous serions consolés aisément de cette perte, si l'on ne nous avait pas volé beaucoup d'argenterie et les bijoux de nos épouses, qui ne laissaient pas que de monter à une somme considérable. Nous ne soupçonnions aucun de nos domestiques, et cependant c'en était un, qui fut découvert par le marchand à qui ce coquin avait été pour vendre une partie de ce qu'il avait pris. Don Manuel voulait le remettre entre les mains de la justice; mais, par considération pour moi, il se contenta de le chasser, en lui ordonnant, sous peine de le déclarer, de sortir du royaume en deux tours de soleil. Nous récompensâmes libéralement notre honnête homme de marchand : il est rare d'en voir de son espèce.

Quelques jours après il se présenta pour notre service un jeune garçon dont la physionomie et la taille répondaient pour lui. Il venait avec une recommandation d'un de nos amis. Nous l'arrêtâmes le même jour. Son nom était Alvarès. Sa douceur, sa complaisance et son exactitude à bien remplir ses devoirs lui attirèrent notre estime. Il avait cet esprit de modestie et d'humilité qui le faisait aimer de tout le monde; mais, malgré l'excellent caractère qu'il possédait, il était d'une mélancolie affreuse; il soupirait toujours. Je m'intéressais à son sort. Ce garçon me montrait de l'amitié, et j'y répondais. Il suffisait qu'il fût malheureux pour qu'il me devînt cher.

J'aimais si fort Alvarès, que je me mis dans la tête de dissiper son chagrin. Son air sombre et triste m'inquiétait. Je le fis venir un jour dans l'appartement de don Manuel pour qu'il me découvrît le sujet de sa douleur. Je commençai par lui demander s'il se déplaisait avec nous, que nous étions contens de lui, et que la mélancolie qui le rongeait l'emporterait tôt ou tard au tombeau. Alvarès m'écoutait en soupirant, et ne me disait rien. Vous aimez, continuai-je, et on ne répond point à vos désirs. Avouez-le-moi; si la personne qui vous est chère dépend de nous, ou qu'elle habite dans notre voisinage, ne vous contraignez pas. Ouvrez-moi votre cœur, je suis assez votre ami pour vous faire obtenir l'objet de vos soupirs. J'aime, il est vrai, me répondit Alvarès, mais sans aucun espoir, quoique je sois aimé de la plus aimable créature que le ciel ait pu former. Ces paroles me surprirent dans la bouche d'un valet. Vos bontés excessives pour moi, continua-t-il, sont si réitérées, que je ne fais aucune difficulté de me confier en vous et de vous apprendre ce que je suis.

Don Manuel, qui nous écoutait de son cabinet, ne pouvant retenir sa curiosité, étant extrêmement gêné, en sortit aussitôt. Alvarès fut surpris de le voir si près de nous, et voulut se retirer. Don Manuel le fit rester en lui disant qu'il avait entendu notre conversation, et que la part qu'il y prenait l'avait engagé à sortir de son cabinet pour en entendre le reste, et qu'il pouvait ne voir en nous que ses amis. Messieurs, nous dit-il, que je suis confus de vos bienfaits !

Ma famille est noble; mais la noblesse est bien peu de chose quand elle n'est pas soutenue par de grands biens. J'eus une mère qui, par sa coquetterie et les grands airs qu'elle se donnait, ruina mon père en fort peu de temps. Heureusement que je fus le seul fruit de leur hyménée. Mon père, dont le nom était don Alvar del Sol, en mourut de chagrin, et ma mère, ne pouvant résister à la perte qu'elle avait faite, suivit mon père peu de temps après. Quoi! interrompit don Manuel, vous êtes le fils du seigneur don Alvar del Sol! Ah! mon cher don Carlos, que je vous embrasse! Don Manuel se jeta à son cou, et lui rappela qu'ils avaient étudié ensemble à Madrid. Je fus charmé de cette découverte en moi-même, et je priai don Carlos de nous faire part de ses infortunes. Mon ami lui demanda des nouvelles de don Lopez, dont la richesse était immense, et qui demeurait à Madrid. Hélas ! repartit don Carlos, c'est l'auteur de tous mes malheurs, et voici comment.

CHAPITRE XV.

Histoire tragique de don Carlos et de dona Sophia.

Après la mort de mes père et mère, don Lopez de la Crusca, mon oncle maternel, prit soin de mon enfance, et c'est sous ses yeux que je fis mes études. Malgré son avarice extrême, il m'aimait, et m'avait retiré chez lui, où je vivais heureux et sans inquiétude. Mais l'amour vint troubler mon repos. Mon oncle me procurait tous les plaisirs qui peuvent flatter un jeune homme qui sort du collége. Nous allions souvent au Prado ensemble, et la promenade était notre principal amusement. Un jour que nous y étions, mon oncle, se lassant de se promener, voulut s'asseoir : par bienséance je restai avec lui. Il y avait vis-à-vis de nous un banc sur lequel était assise la plus aimable personne que l'on puisse voir. Elle jetait ses regards de temps en temps sur moi ; et c'était autant de traits que l'Amour me lançait. Cependant sa compagne, que je crus sa mère, se leva, et elle la suivit : voyant qu'elles sortaient de la promenade du côté de notre logis, je feignis de me trouver indisposé pour obliger mon oncle à rentrer aussi. Mon oncle y consentit, et j'eus le plaisir de suivre de loin la personne du monde qui m'était devenue la plus chère. Quelle fut ma surprise de les voir entrer justement vis-à-vis notre demeure. Je demandai à mon oncle s'il connaissait les dames qui demeuraient vis-à-vis sa maison : il me répondit que, n'ayant jamais voulu voir ses voisins, il ne désirait pas les connaître. Je lui dis qu'il y avait cependant un trésor dans cette maison, puisqu'elle renfermait la plus aimable personne du monde. Cela se peut, me dit mon oncle, et je n'y prends aucun intérêt. Si vous vous intéressiez pour moi, repris-je, mon cher oncle, vous m'introduiriez dans cette maison. Non, mon neveu, me dit-il; j'ai eu soin de vous jusqu'à présent, et je ne m'en repens point, puisque vous m'avez toujours obéi. Croyez-moi, n'allez point dans cette maison : j'ai mes raisons. Ensuite il se retira et me laissa seul.

Je fus sensible à ces paroles; mais l'amour l'emporta, et dès le lendemain j'allai saluer comme voisin les parens de la demoiselle que j'avais vue la veille. La réception qu'ils me firent m'enchanta. Je m'aperçus que leur fille, en me regardant, avait extrêmement rougi; je crois que je n'étais pas trop bien de mon côté, sentant un feu qui m'avait été jusqu'alors inconnu se répandre dans tout mon corps. Les père et mère de dona Sophia, ainsi était son nom, sachant que j'étais le neveu de don Lopez de la Crusca, me firent un reproche d'avoir été jusqu'alors sans les venir voir. Je m'en excusai le mieux que je pus, et leur dis que mon oncle était un homme si extraordinaire, qu'il ne voyait personne; que de mon côté je me voulais beaucoup de mal de ne leur avoir pas rendu plus tôt ma visite, et qu'ils pouvaient compter sur moi dorénavant, puisqu'ils me le permettaient. Dona Sophia, pendant que je parlais, ne cessait de me regarder, et je sortis le plus enflammé de tous les hommes. Je continuai mes visites pendant six mois entiers. Aucun bonheur n'égalait le mien : j'aimais et j'étais aimé. Je formai le dessein de demander dona Sophia en mariage à ses parens. Ils me l'accordèrent sans hésiter, aux conditions que mon oncle y souscrirait ; que sans cela ils retiraient leur parole, attendu que je ne pouvais espérer aucun bien que de mon oncle. J'allai faire part à dona Sophia de mon bonheur : elle rougit, et pour la première fois j'eus le plaisir de l'embrasser. Je vis dans ses yeux que je ne lui déplaisais pas pour époux. Ses père et mère vinrent nous interrompre : je rentrai chez mon oncle. En arrivant je me jetai à ses genoux, et je lui avouai que, malgré sa défense, j'avais été voir dona Sophia, que j'aimais éperdument; que ses parens consentaient à me la donner en mariage, pourvu qu'il ne mît aucun obstacle à ma félicité. Mon neveu, me dit-il, je n'en veux mettre aucun. Epousez votre maîtresse, j'y consens. Je sais qu'il y a six mois que vous la voyez régulièrement : je ne vous en ai jamais parlé; vous me l'avouez aujourd'hui, soyez heureux : mais n'espérez jamais, pendant que je vivrai, aucun bien de moi. Ah ! mon oncle, votre consentement me suffit, et je préfère dona Sophia à tous les biens de la terre. Le jour suivant je fis part à ma maîtresse de la réponse de mon oncle. Elle en instruisit ses père et mère, qui allèrent aussitôt rendre visite à don Lopez, afin de concerter ensemble les arrangemens qu'ils prendraient pour notre mariage. Ils me laissèrent avec leur fille, et allèrent chez mon oncle, qui de son côté fut très-surpris de leur visite. Il les laissa parler tant qu'ils voulurent, et leur répondit qu'il consentait fort à l'honneur qu'ils voulaient bien me faire : mais que je n'avais rien à espérer tant qu'il vivrait; que c'étaient là ses intentions. Ils eurent beau remontrer à mon oncle que je ne méritais point cette injustice, ce vieillard implacable n'en voulut pas démordre, et leur tourna le dos. Les parens de dona Sophia s'en offensèrent cruellement, et, rentrant chez eux, ils me dirent que, mon oncle ne voulant rien faire pour moi, ils me priaient de ne plus mettre le pied dans leur maison, et qu'ils défendaient à leur fille de me voir.

Un criminel à qui on lit sa sentence n'a jamais été plus saisi et plus troublé que je le fus à cette nouvelle accablante. Je me trouvai si mal, que l'on fut obligé de m'emporter chez moi. Je ne revins que longtemps après, et mon oncle, que je peux appeler cruel, eut la barbarie de me laisser seul, et partit pour sa maison de campagne. Je demandai des nouvelles de dona Sophia : on m'apprit que ses parens l'avaient envoyée à Carthagène dans un couvent où elle avait une tante qui en était l'abbesse. Quand je fus en état de sortir, j'y portai mes pas ; mais il me fut impossible de voir celle que j'aimais. Désespéré, sans ressource, sans appui, je ne voulus point remettre les pieds chez mon oncle, ni le voir davantage. J'errai pendant deux ans de ville en ville, où, ne sachant que faire, j'ai servi jusqu'à ce qu'il plaise au ciel de me retirer de ma misère. La mort seule peut finir mes malheurs.

Nos épouses vinrent nous interrompre pour nous faire part des nouvelles de Madrid, qui portaient que le seigneur don Lopez de la Crusca était mort, et qu'ayant laissé à don Carlos del Sol, son neveu, tous ses biens, il eût à se faire connaître. Don Carlos donna des larmes à sa mort; ce qui marquait son bon naturel. Nos épouses, n'étant pas prévenues du changement d'état d'Alvarès, étaient surprises de le voir pleurer: nous leur apprîmes ce qu'il était. Elles le félicitèrent de son bonheur. Don Carlos, un moment après, s'écria : Que je vais être heureux! mon oncle n'est plus. Il écrivit sur-le-champ aux parens de dona Sophia cette nouvelle : en attendant la réponse, il nous quitta pour aller recueillir sa succession. Après nous avoir remerciés, et nous avoir embrassés, il partit plus amoureux que jamais. Nous le fîmes accompagner par un de nos valets qui vint nous éclaircir de son sort. Nous fûmes un mois sans recevoir aucune nouvelle de lui; cependant il revint: notre premier mouvement fut de demander des nouvelles de don Carlos. Quel fut notre étonnement d'entendre notre valet nous dire qu'il n'était plus! Il nous apprit qu'étant à la maison de campagne de son oncle pour en prendre possession, il y reçut la nouvelle qu'on lui accordait dona Sophia en mariage, et qu'il n'avait qu'à se rendre à Madrid pour l'épouser; qu'on avait écrit à Carthagène pour qu'elle revînt du couvent. Cette nouvelle fut si grande pour lui, et la joie qu'il en eut fut si violente, qu'après mille démonstrations et mille extravagances que lui causait son transport, il mourut entre les bras de plusieurs amis à qui il avait fait part de son bonheur.

On m'envoya à Madrid pour apprendre cette triste nouvelle aux parens de dona Sophia, qui écrivirent sur-le-champ à l'abbesse du couvent où elle était que don Carlos venait de mourir de joie, et que leur fille pouvait rester avec elle. On apprit que dona Sophia avait reçu avec beaucoup d'indifférence la nouvelle qu'elle allait épouser don Carlos, aimant, disait-elle, assez la solitude. Cependant quelques jours après, dès qu'elle sut que don Carlos était mort, elle tomba évanouie, et si mal, qu'elle resta huit jours sans connaissance. Elle avait les yeux tournés vers le ciel, et on l'entendait qu'elle prononçait ces paroles : O ciel!

est-il possible! il n'est plus! Les soupirs qu'elle faisait et les larmes qu'elle versait en abondance l'empêchaient de continuer. Elle est morte dans cet état, sans vouloir prendre aucune nourriture.

Ces nouvelles nous affligèrent beaucoup, et nous ne pûmes refuser nos pleurs aux malheurs de l'infortuné don Carlos et de dona Sophia. Ce qui nous dissipa, fut la visite de don Grégorio, mon beau-frère, avec ma sœur. Ils restèrent avec nous un mois, et prirent beaucoup de part à l'histoire tragique de don Carlos, dont nous leur fîmes le récit. Nous leur procurâmes tous les plaisirs que nous goûtions ci-devant. C'est ainsi que nous entretenions par nos visites réciproques l'amitié qui régnait entre nous.

FIN DU TOME PREMIER.

TABLE DES CHAPITRES

CONTENUS DANS CE VOLUME.

PREMIÈRE PARTIE.

SECONDE PARTIE.

TROISIÈME PARTIE.

FIN DE LA TABLE DU PREMIER VOLUME.

www.ingramcontent.com/pod-product-compliance
Ingram Content Group UK Ltd.
Pitfield, Milton Keynes, MK11 3LW, UK
UKHW012010240726
13965UKWH00001B/272

9 782013 360920